冤罪の深層
―ジャーナリストの検証

前澤 猛
MAEZAWA, Takeshi

公益財団法人新聞通信調査会

はしがき――序論

21世紀になって四半世紀も過ぎようというのに冤罪《えんざい》が絶えません。２０２４年にも、多くの冤罪事件の裁判が重要な段階を迎えました。

「袴田事件」の再審裁判では、２０２４年9月26日、静岡地裁が無罪を判決し、警察の「証拠捏造《ねつぞう》」を厳しく指摘しました（判決確定）。

「大川原化工機事件」の国家賠償請求訴訟（東京高裁で控訴審）でも、口頭弁論で、警察による「事件の捏造」が追及されました。

「滋賀・日野町事件」では、無期懲役受刑者が死亡した後の再審請求訴訟で、地裁と高裁が共に「提出証拠の作為」を認めて再審開始を決定し、最高裁の判断が待たれています。

「福井・中3殺害事件」の第二次再審請求では、名古屋高裁金沢支部が再審開始を決定（２０２４年10月23日）し、検察が異議申し立てを断念しました。再審で前川彰司元被告は無罪となるでしょう。

この決定（山田耕司裁判長）は警察、検察、そして裁判官までを厳しく批判して注目されました。

「公正であるべき警察官の職務に対する国民の信頼を裏切る不当な所為」

「公益を代表する検察官としてあるまじき、不誠実で罪深い不正の所為」

「（有罪の）確定判決は（アリバイ否定の）証人供述にはらむ（取り調べへの迎合などの）危険性を等閑視していたとの批判を受けてもやむを得ない」


一方、本人が死刑を執行された「飯塚事件」の再審請求訴訟（２０２４年6月5日に福岡地裁が請求棄却決定、福岡高裁で抗告審）では、捜査当局や司法による誤判の有無が問われていますが、裁判所は有罪への供述を信用しています。新証言が「関連事実を目撃した日」についての警察調書の間違いを指摘したのに対して、棄却決定は「無理に記憶に反する調書を作成する動機、必要性を見いだせない」と一蹴しました（第Ⅰ部第10話参照）。しかし、冤罪事件は、「福井・中3殺害事件」のように、しばしば供述調書への過信から生まれている事実を、いまだに多くの裁判所は無視しています。

たまたま、福岡で飯塚事件の再審請求が退けられた日（２０２４年6月5日）に、東京で開かれた「大川原化工機国家賠償請求訴訟控訴審」の口頭弁論では、不法逮捕された提訴の原告が「警視庁公安部が証拠を捏造した」と訴えました。

「証拠第一主義」の新刑事訴訟法時代に移って77年になります。しかし、いまだに戦前の「自白は証拠の王」とされた旧刑事訴訟法時代の亡霊が生き残っているのです。そして、「再審請求裁判でも、『疑わしきは被告人の利益に』の鉄則が適用される」とした、いわゆる白鳥決定（最高裁決定・１９７５年5月20日）も、完全には生かされていません。

本書は、そうした時代錯誤が生む冤罪の深層を、私が一ジャーナリストとして向かい合った数々の事件や裁判から、明らかにすることを目的にしています。その執筆に当たっては、冤罪で苦しんだ当事者、ジャーナリスト、司法関係者など、多くの方々が記憶からよみがえります。

ここで、私がどうして「冤罪」と深く関わるようになったのか、そのきっかけに触れさせていただきます。

ジャーナリストとしてのこれまでの70年を振り返ると、まず、そのスタートにおける佐野洋さん（本名、丸山一郎。読売新聞記者の後、社会派の推理作家に）の一言が思い出されます。私が新人記者として、1956年春、読売新聞札幌総局で取材を始めたとき、佐野さんは3年先輩の記者でした。

私が札幌のサツ回り（警察担当）になったとき、諸先輩からの共通したアドバイスは、「サツ官（警察官）と仲良くしなさい」でした。しかし、佐野さんは違いました。「警察官や取材先の言うことを鵜呑《うの》みにしてはいけない」と教えられました。それが、私の初心となったのです。以来、東京に戻って、サツ回りから司法記者、論説委員、新聞監査委員（社内オンブズマン）へと職域は変わっても、佐野さんからは有益な助言をいただき、そして、共に冤罪事件と取り組んできました。

私と冤罪との具体的な結び付きは、記者1年目の1956年にぶつかった「梅田事件」（第Ⅰ部第3話）と「千歳少年院事件」（第Ⅱ部第18話）が始まりです。以来、半世紀を超える長い間、本書で触れている事件を含め、多くの事件を取材し、記事にしてきました。

印象深い冤罪の犠牲者の1人は「布川《ふかわ》事件」の元被告・桜井昌司さんです。この事件も、佐野さんの助言から取り組むようになった縁があります。そして、桜井さんとは、2023年の夏、彼が亡くなるまで親しく交流していました。そういう結び付きから、本書を「布川事件」から始めさせていただきます。

はしがき―― 序論

本書の「各話」や「冤罪事件一覧」は、それぞれ独立して読めるように書かれているため、事件内容や資料の提示がしばしば重複しています。またそれらは、35年間在籍した読売新聞への偏りがあることをご容赦ください。

第Ⅰ部は、刑事事件における「冤罪」を取り上げました。冤罪は、その救済のために、被害者とその家族はもちろん、警察官を含め、弁護士、検察官、裁判官、そして民間の有志など、数え切れないほど多くの方々が力を尽くしてきました。本書で紹介できた方々は、その一部であることを残念に思い、ご容赦いただくとともに、読者の皆さまのご理解をお願いいいたします。

第Ⅱ部は、意外に受け止められるかもしれませんが、取材し報道する側のメディアやジャーナリストが背負った非難や批判などのケースを取り上げました。刑事事件ではありませんが、メディアも「冤罪」と無縁ではありません。そして、ジャーナリストが、取材・調査・報道に当たって、メディア倫理を守りつつ、多くの困難と苦闘している実態を知っていただければ幸いです。

本書を上梓するに当たって、長い間冤罪と闘って来られた元被告のお二人、桜井昌司さんと、赤堀政夫さん（島田事件で再審無罪・第Ⅰ部第13話参照）のご冥福を祈ります。
桜井さんは２０２３年８月23日、76歳で亡くなられました、赤堀さんの逝去は、２０２４年２月22日で、94歳でした。共に、ご自身の原審や再審で無罪を勝ち取るため、長く厳しい苦闘を続けるとともに、他の冤罪事件の雪冤《せつえん》や、再審制度の改善に力を注いで来られました。

本書は公益財団法人新聞通信調査会の出版補助事業に応募して選ばれ、刊行に至りました。出版までには同調査会の元編集長・倉沢章夫、時事通信出版局編集委員・舟川修一、スタジオパラム・島上絹子の各氏の多大の助力を得ました。ここに感謝申し上げます。

２０２４年11月

前澤　猛

冤罪の深層
――ジャーナリストの検証

目次

第 I 部

刑事事件の冤罪

第1話

冤罪で国家賠償認めさせる——布川事件(上)

「警察」「検察」——そして「司法」の責任は?

「布川事件」(1967年8月)で、強盗殺人の容疑者として逮捕され、無期懲役刑が確定した桜井昌司、杉山卓男さんの2人は23年間服役しました。そして、逮捕から44年後(2011年6月)に再審裁判の無罪判決(水戸地裁土浦支部)が確定しました。

しかし、被告の汚名を完全にそそぐまでには、さらに10年かかりました。冤罪であることを国に認めさせるために、桜井さんが国と茨城県に「国家賠償」を求める訴訟を起こし、その控訴審で、東京高裁が原告・桜井さんの勝訴を言い渡し(2021年8月27日)、そのまま確定したのです(杉山さんは、この訴訟に加わらず、その間に亡くなりました。2015年10月)。

判決は、警察と検察が、虚偽の証拠や高圧的な取り調べで、桜井さんと杉山さんを自供に追い込み、２人を逮捕、起訴したと認めたのです。

しかし、半世紀余りかけて真実と自由を獲得した桜井さんは、がんとも闘い、２年後に亡くなりました。享年76歳でした。

国家賠償請求訴訟の判決は、警察と共に検察の捜査についても、その不法行為を認めたので、意義は大きいと言えます（詳細は後述）。しかし、さらに言えば、この訴訟では被告になっていませんが、刑事事件で２人を有罪とした司法（裁判所）についても、その冤罪確定に対する責任は無視できないでしょう。

「国家賠償」の狭い門

やはり国に賠償を求め、一審で勝訴し（２０２３年12月27日）、その後、高裁の抗告審に移った大川原化工機国家賠償請求訴訟に見られるように、刑事事件で国家賠償を得る道は決して容易ではありません。

【大川原化工機国家賠償請求訴訟】

「生物兵器の製造に転用できる機器を無許可で違法輸出した」として、大川原化工機（神奈川県横浜市）の大川原正明社長ら同社幹部３人が外国為替及び外国貿易法違反容疑で逮捕された。その一人、顧問の相嶋静夫さんはがんで保釈を申請したが認められず、勾留停止で入院して死亡した。社長ら3人が起訴されたが、公判前に起訴が取り消された。

大川原社長ら3人が、東京都と国に計約5億7千万円の損害賠償を求めた訴訟の判決は、2023年12月27日、東京地裁（桃崎剛裁判長）で言い渡されました。判決は「必要な捜査を尽くさなかった」として、警視庁の逮捕、東京地検の起訴を共に違法と認め、東京都と国に計約1億6千万円の賠償を命じました。その判決は、国（検察）の責任を次のように厳しく指摘しています（要旨）。

警察・検察の捜査「違法」

東京地裁　都と国に賠償命令

大川原化工機の訴訟

生物兵器の製造に転用できる機器を無許可で輸出したとして逮捕、起訴され、その後起訴が取り消された「大川原化工機」（横浜市）の社長らが、東京都と国に計約5億7千万円の損害賠償を求めた訴訟の判決が27日、東京地裁（桃崎剛裁判長）であった。判決は「必要な捜査を尽くさなかった」として、警視庁の逮捕、東京地検の起訴を違法と認め、都と国に計約1億6千万円の賠償を命じた。

2面＝「公安の暴走」
12面＝社説
25面＝判決要旨
27面＝「謝罪を」

2023年12月28日　朝日新聞朝刊

担当検察官は起訴前の時点で、従業員らから機器には温度が上がりにくい場所があるとの説明を受けていた。この指摘の検証は有罪立証をする上で当然に必要なもので、再度の温度測定をしていれば、一部の箇所では細菌が死滅しないことを容易に把握できた。従業員らの供述以降に行われた検察官の勾留請求と起訴は、検察官が必要な捜査を尽くすことなく行われたもので、国賠法上違法だ。

しかし、同社顧問の相嶋さん（享年72歳）の遺族3人が、国に1千万円の損害賠償を求めた訴訟では、東京高裁（木納敏和裁判長）は国の責任を認めず、遺族らの請求を棄却した一審・東京地裁判決（2024年3月）を支持し、遺族側の控訴を棄却（同年11月6日）。遺族側は上告を断念しました。

国家賠償が否定された事件としては、最近、最高裁で確定した「東住吉事件」が注目されています。

【東住吉事件】

大阪市東住吉区で1995年に起きた火災で小6の女児が死亡した。母親の青木恵子さんと内縁の夫が殺人罪などに問われて、無期懲役刑で服役した。再審で、大阪地裁は自白の信用性や任意性を否定して無罪を言い渡して確定（2016年8月）。青木さんが国と大阪府に損害賠償を求めて提訴した。

一審判決（2022年3月）は、府警の捜査員が虚偽の自白を強要したと認定し、取り調べを違法とし、大阪府に約1200万円の賠償を命じました。しかし、検察の起訴については「当時の証拠から違法とまでは言えない」とし、国に対する訴えは退けられました。控訴審の大阪高裁（牧賢二裁判長）も一審判決を支持し、青木さんと府の控訴を棄却しました。そして、国（検察）の違法性は一審に続いて認めませんでした（2023年2月9日）。青木さんが上告しましたが、最高裁第一小法廷（岡正晶裁判長）は、上告を退ける決定をし（2024年3月28日）、国の賠償責任の否定が確定しました。

国の責任を厳しく指摘――布川事件

国が争わずに賠償を認めた事例としては、元厚生労働省局長・村木厚子さんが提訴して勝訴した「障害者郵便制度悪用事件」の国家賠償請求訴訟（2011年）があります。それは、検察官による証拠改ざんという明白な犯罪行為があったためでした。

布川事件の場合は、国と茨城県が責任の存在について激しく反論しましたが、一審、控訴審共に国と茨城県が完敗し、控訴審判決がそのまま確定しました。それは桜井さんの不屈の意思によって実現したのです。また、桜井さんの意思と豊かな詩情に動かされた多くの支援者の厚い支えが実を結んだとも言えるでしょう。

実際には、高裁段階で紆余《うよ》曲折がありました。初めの判決日が2カ月余りも延期になったのです。一審の勝訴判決が覆されるのではないか、と支援者は心配しましたが、桜井さんは少しも動揺を見せませんでした。当時、私は次の手紙をもらいました。

直腸からの出血もありますが、唄いますと、昔のように声も出るようになりました。もちろん勝利は疑っておりません。最終意見陳述から半年以上となる延期は、私たちが望む、起訴の違法をも含めた、全面勝利の理由を起案する時間ではないかと思っています。

桜井さんは、常に希望を失わない前向きの心の持ち主でした。判決は桜井さんの「予告」通りで、しかも、警察官と検察官の不法行為を詳しく具体的に列挙しました。

列挙された不法行為

警察官による調書の偽計

・犯行当日、東京都内の桜井さんの兄のアパートに泊まったというアリバイの主張について兄に確認せずに否定した。

・事件近くに目撃者がいる、と虚偽の事実を告げた。

・ポリグラフ検査の結果、無実の供述はうそと判明した、と虚偽を伝えた。

・「やったことは早く素直に話せや」と母親が言っていると虚言。

新聞への掲載

・新聞には載らないとだまして、事実でない供述を取った。

2人の供述合わせ

・犯行に関わる2人の供述は始終食い違ったが、そのたびに調書を訂正して一致させ、それを録音した。

検察官による自白の強要

・兄のアパートに行ったというアリバイ証言について、現地を調べずにそれを否定し、調書に記載しなかった。

・客観的事実と矛盾しないように調書の内容を変えた。
・アリバイを主張し、犯行を否認した杉山さんに対しても自白を強要した。

このように、警察と共に、検察の捜査段階における不法行為を認めた国家賠償請求訴訟は異例です。しかし、検察すなわち国は控訴期限（9月10日）前に上告を断念しました。一方、警察、すなわち県（茨城県）は上告期限の当日になっても「県は『検討中』としている」（共同）などと態度を明確にしなかったのです。

戦後生まれの国家賠償法

実は、国に賠償を求められるようになったのは戦後のことで、1947年、国家賠償法が新憲法と共に制定されたためです。

日本国憲法 第17条【公務員の不法行為による損害の賠償】
何人も、公務員の不法行為により、損害を受けたときは、法律の定めるところにより、国又は公共団体に、その賠償を求めることができる。

国家賠償法 第1条【公権力の行使に基づく損害の賠償責任】

①国又は公共団体の公権力の行使に当る公務員が、その職務を行うについて、故意又は過失によつて違法に他人に損害を加えたときは、国又は公共団体が、これを賠償する責に任ずる。

布川事件での国家賠償請求訴訟について、高裁判決は、取り調べを担当した警察官と検察官を名指しし、「社会的相当性を逸脱して、自白を強要する違法な行為」とその悪質性を、厳しく糾弾しました。

従来は、国家賠償請求の要件の適用が厳しく制約され、「故意」あるいは「それに準ずる重大な過失」がなければ、賠償は認められませんでした。そのため、司法（裁判所、裁判官）に対してまで、その賠償責任を追及した例は皆無と言ってよいのです。

しかし、客観的に事件や裁判を自由に取材し観察してきた司法担当記者の私には、裁判官の明確で重大な過失や誤判の存在が否定できず、その結果として起こされた多くの冤罪事件を取材することになりました。

冤罪とその要因

以下は私が取材したそうした誤判の一部（事件発生順）です。詳細は後述の各話に譲ります。

滝（淳之助）事件（不可能な犯罪）＊１９４７年6月

敗戦直後、札幌で住み込み左官見習いをしていた少年が、千葉県市川市にトンボ帰りして強盗殺人を犯したとして無期懲役。当時の交通事情や奉公の実態から不可能な犯行だが、再審は棄却。

梅田事件（同房者の証言無視）＊１９５０年10月

軍隊の元同僚から強盗殺人の共犯に仕立てられた。犯人は死刑執行前、同房者に「梅田は関係ない」などと告白。同房者のその証言を捜査当局は、「売名行為」として無視。

八海《やかい》事件（アリバイ誘導）＊１９５１年1月

強盗殺人事件の単独犯が警察の誘導に従って共犯5人を指名。地裁―高裁―最高裁を七度行き来して最終的に最高裁で無罪。犯行時の目撃証人は「警察の言う通りに話した」というのが真相だった。

青梅線事件（重要な証拠無視）＊１９５２年2月

東京の青梅線沿線での列車暴走が政治的目的による連続列車妨害事件とされた。上告審時に「列車暴走事故原簿」の存在が判明して新聞報道。その結果、高裁差し戻しで、被告らは全員無罪に。

帝銀・偽証事件（再審尽力者を有罪に）＊1965年3月

帝銀事件の再審に尽力していた人物が偽証教唆の容疑で逮捕された。一審の判決は懲役1年6月、執行猶予3年だったが、控訴審は「反権力思想」に基づくと動機づけをして1年6月の実刑に。

第2話

「社説が支えに……」——布川事件（下）

「布川事件」に戻ります。

元被告の桜井昌司さんは、第二次再審請求事件で最高裁が再審を決定したとき（2009年12月）、記者会見で、「29年前、最高裁が有罪を決定した（1978年7月3日）直後、1本の新聞社説が無罪を主張しました。その社説が私の心の支えになってきました」と語りました。

その社説は後掲の「冤罪の訴えと最高裁の対応」（1978年7月6日、読売新聞掲載）です。社説は社の主張、つまり社論ですから、掲載時は無署名です。しかし、執筆者が司法担当論説委員の私であることは推知されましたから、私は検察庁幹部からは、「君は検察の敵だ」と非難され、最高裁の裁判官からは、「あなたは書かない方が世の中のためになりますよ」と真顔でたしなめられたりしました。

しかし、社説は私の暴走とは言えません。「はしがき」で触れた佐野洋さんをはじめ、事件と裁判の経過を知る多くの法律家や識者や記者は、桜井さん、杉山さんの無罪を訴えていました。

社説は次の通りです。

えん罪の訴えと最高裁の対応

読売新聞社説　1978年7月6日

えん罪の疑いをもたれている事件が、また一つ、最高裁によって、あっさり有罪間違いなしとされた。

11年前、茨城県・利根町布川で、ひとり暮らしの老人が殺された強盗殺人事件で、2人の青年が逮捕された。捜査段階で犯行を自供し、公判では否定したが、一、二審は、ともに2人に無期懲役を言い渡した。「布川事件」といわれ、昨年秋には、全国の法学者200余人が、「疑わしきは被告人の利益に」の鉄則に立った慎重、公正な審理を最高裁に要望していた。

しかし、最高裁第二小法廷（大塚喜一郎裁判長）は、口頭弁論を開くこともなく、3日、「2人が真犯人であることに、合理的な疑いをさしはさむ事実と証拠は発見できない」として、決定で被告人の上告を棄却した。

えん罪事件とされ、在野の弁護士や法学者などが被告人のために尽力する事件は、それなりに強い根拠のある場合が多い。「雑音」として一蹴できるものではない。松川事件、八海事件、那須事件（弘前大教授夫人殺し）など、捜査当局や裁判所は、これまで数多くの苦い失敗を経験している。その中には、拷問、誘導、証拠の捏造・隠匿《いんとく》など、捜査官の不当な作為について、捜査当局が重大な責任を負わなければならないものも少なくない。そして同時に、そうした事件では、捜査当局のつくった証拠や調書を、全面的に信用した裁判官の不明も問われなければならないはずである。

いわゆる「えん罪事件」では、しばしば、別件逮捕、代用監獄の乱用、自白偏重など、疑惑を招く問題がからまっている。それだけに、裁判は、ことさら捜査当局側に、冷静な批判の目を向けなければならないのである。

布川事件も、えん罪事件の定型的な要素を含んでいる。その上、事実関係でも、アリバイ、目撃証人、物証、供述の矛盾など、疑問に満ち満ちている。

一つだけ例示してみよう。被告人が奪ったとされる金のあった場所と額、分配の場所と額など、肝心の金に関する自供は、実にあいまいなのである。それは、捜査官が知らない事実だから、えん罪の被告人には供述させようがなかった、とみるのが自然ではないだろうか。

決定は、「一般に、捜査官が被害金額を確認しえない案件では、故意に金額等についての供述を変転させ、後で犯行を否認する足がかりにする」という。しかし、「厳しい追及を受けず」「自発的に」事実について自白を始めた、と最高裁が認めているような犯人が、なぜ、うそをつく必要があるのか。しかも、その半面、捜査官があらかじめ知っている事柄については、明確に供述しているのである。

こうした場合、捜査官の誘導によって供述調書がつくられた、と判断する方が、理にかなってはいないだろうか。

最近、狭山事件、西山事件のように、口頭弁論なしに決定で上告を棄却する例が目立つ。しかも、職権で証拠調べをし、「真犯人（あるいは有罪）でないとする証左はない」とする。

これでは、最高裁は有罪の先入観にとらわれている、と受け止める人が少なくないだろう。

東京地裁で開かれた再審裁判（2010年7月9日）の冒頭、弁護人の意見陳述は次のように、この社説への言及から始められました。

布川事件で、2人を有罪とする最高裁の決定が出されたのは、今から32年前の7月3日であった。その直後の全国紙の社説では「冤罪の疑いを持たれている事件が、また一つ、最高裁によって、あっさり有罪間違いなしとされた」「布川事件も、冤罪事件の定型的な要素を含んでいる」と述べられ、本件強盗殺人事件が冤罪であることが指摘され、司法の在り方が厳しく批判されていた。

桜井さんの手紙

桜井さんとは、この社説が縁で、再審開始決定（2009年12月）から亡くなられるまで（2023年8月）、親しく交際しました。読売新聞の水戸支局を通じて、初めて桜井さんと連絡が取れたとき、次のような手紙をいただきました（要旨）。

……小林さん（筆者注＝読売新聞・小林泰明記者、当時水戸支局）から、「あの社説を書いた方が分かりました」との連絡があり、前澤さんからご連絡をいただけるかとは思っておりましたが、実際に（手紙を）手にしますと、その感激は言葉になりませんでした。ただただ胸がいっぱいでした。

私は、再審開始決定の記者会見では、必ず社説に触れ、自分の思いを語ってきました。それは、社会に真実を伝える立場の皆さんに、あの社説が示す「事の本質を見抜いて、そして説く精神」を忘れないでほしいという願いがあるからですが、同時に、私自身が助けられ、支えられた感激を伝えたくてでした。

あの社説は、本当に私の支えでした。何かあるたびに読み返しまして、こんなに明々白々な事実は必ず明らかにされる、という思いを心に刻んで闘い、頑張ってきました。

大変にお世話になりました佐野洋先生ともご親交と伺いまして、うれしさも一入《ひとしお》です。『檻の中の詩』（筆者注＝布川事件と両被告の作詩をテーマとした佐野洋さんの著作。1993年、双葉社より刊行）もお読みくださったとのこと。

長い闘いの月日は、私にとって苦しいこともありましたけれども、大変に満ち足りた月日でしたし、人間として幸せであったとさえ思っております。人生の不運が不幸にはならないことを学び、善意の人々に囲まれ、支えられての歳月は、獄中の仲間も含めまして、実に幸せな毎日だったと思っています……。

右、取り急ぎのお礼にて失礼します。

敬白

2010年3月2日

桜井　昌司

前澤　猛様

第3話

死刑判決法廷の殴り合い——梅田事件

新聞記者としては多くのテーマを追いました。しかし、私は、終生、司法記者からは逃れられなかったようです。その、きっかけが「梅田事件」でした。

１９５６年12月16日の読売新聞朝刊の全国版社会面に載った、いわゆる「べた記事」（１段見出しの小さな記事）です。


新聞記者になってまだ数カ月。当時は札幌でいわゆる「サツ回り」をしていましたが、事件記者として、その取材範囲は幅広く、検察庁から裁判所まで含まれていました。いわゆる司法担当記者でもあったのです。

その公判の朝。重要な裁判では法廷の傍聴席の一番前の記者席に座っていました。法廷はいつも静まり返って厳粛でしたが、この日の札幌高裁の法廷は、死刑事件の初めての傍聴で、さすがに緊張して身を硬くしていました。

裁判長が「情状酌量の余地はない。被告人の控訴を棄却する」――つまり一審通り、主犯の羽賀竹男被告に死刑、共犯の梅田義光被告に無期懲役を言い渡したのです。その途端、梅田被告が、羽賀被告に殴り掛かったのです。

68年後の今でも、このシーンは鮮明に浮かんできます。そして、記事では省略されましたが、実は梅田被告は「裁判長〝さま〟までが誤解するではないか……」と敬称をつけて叫んだのです。

この異様な空気をずっと背負い続け、東京に転勤して司法記者になった後も「梅田事件」を追跡取材しました。

羽賀は本当の共犯者の代わりに、軍隊で知り合った梅田さんを共犯に仕立てました。梅田さんは拷問に耐えられず、一時、〝犯行〟を認める供述をしましたが、公判では終始無罪を主張しました。

しかし、札幌高裁での控訴棄却判決の後、上告も棄却され、羽賀の死刑と梅田さんの終身刑が確定しました（１９５７年11月）。

なぜ、真相知る主犯を死刑に

梅田さんは服役しても、一貫して無実を訴え、判決確定から5年後（1962年10月）に再審を申し立てました。

しかし、真実を知る羽賀は、その2年前（1960年6月）、死刑が執行されていました。死刑判決確定から3年もたっていませんでした。今では考えられない慌ただしい刑の執行です。この時の井野碩哉法務大臣の異常に早い決裁は、検察が梅田さんの冤罪主張を報告しなかったためと推定されます。

同時に、当時この冤罪事件を大きく報道しなかった、というメディアにも責任があるでしょう。

それでも、1962年10月、服役中の梅田さんは再審を申し立て、釧路地裁に受理されました。その記事を読売新聞で見て、「梅田さんは逮捕当時（1952年）、警察で拷問されていた」という証人が名乗り出ました。

「長い間、胸を締め付けられていた。進んで証人になりたい」と、身分も明らかにしました。そして、梅田さんの弁護人、竹上半三郎弁護士との面会の記事が同紙の社会面トップ（1962年11月16日）で報じられました。東京本社の司法記者になったばかりの私の取材・執筆ですが、札幌高裁での死刑判決を報じた1段記事との扱いの大きさの違いは顕著です。この数年の間に、裁判や冤罪に対する新聞と読者の関心度が大きく変化した反映でもあるでしょう。

しかし、司法の受け止め方は遅れていました。この第一次再審は最高裁で棄却されました。そして、梅田さんは逮捕から18年余りたって仮出所（１９７１年5月）した後、2回目の再審を請求しました。

拷問で〝自供〟、再審無罪

梅田さんはその後、手記『真犯人よ聞いてくれ——梅田事件被告の手記』を出版しました（朝日新聞社、１９８１年）。

同書では「連れられて行った北見市警察署において……2日間にわたって十数人の刑事に拷問され、その苦痛に耐えかねて〝犯行〟を認めました」と振り返り、「最後に読者の

無期囚の再審に新証人
〝拷問されていた〟
同じ留置場にいた人

1962年11月16日　読売新聞

皆さん、私は絶対に人を殺していません!!」と結んでいます。その叫びがかない、釧路地裁網走支部で再審無罪が言い渡されました（1986年8月）。

判決は、主犯羽賀の供述の信用性や物証の矛盾などのすべてで梅田さんと弁護人の無罪主張を認め、検察側も控訴を断念して、無罪が確定しました。冤罪が晴れたときは、逮捕から34年たっていました。竹上弁護士を中心に、梅田事件を支援してきた日本弁護士連合会（日弁連）は、無罪確定で次のように述べています。

同氏の不屈の闘志と多くの方々の支援が見事に結実し、この日を迎えられたことを心から喜ぶ次第である。梅田事件の無罪判決は、日弁連が取り組んできた再審事件としては、いわゆる白鳥決定以降8件目である。死刑を含む重大事件について、毎年の如く再審無罪判決が言い渡されているという事実は、刑事司法のあり方に深刻な教訓を残すものである。

梅田さんはその後、社会に冤罪の防止を訴え、21年後に82歳で亡くなりました（2007年6月20日）。梅田事件の「べた記事」は、その後、司法記者として多くの冤罪の取材を続けた私にとっても、特に忘れられない一つです。

第4話

「狭き門」をこじ開ける——青梅線事件

「八海事件」を題材にした映画「真昼の暗黒」（今井正監督）では、控訴審の死刑判決を聞いた被告が「まだ最高裁がある」と叫びました。しかし、実際には最高裁の門は狭く、下級審で有罪になった事件は、そう簡単には覆りません。実際に、八海事件では、一審の山口地裁が死刑を含む有罪判決（1952年6月）を言い渡した後、審理が、有罪、無罪を巡って広島高裁と最高裁の間を3回行き来し、裁判と判決が計7回繰り返されました。最高裁の門は至極堅く、上告は二度、広島高裁に差し戻され、三度目の最高裁判決でやっと無罪が言い渡され、確定したのです。

最高裁長官「ジャーナリズムは雑音」

最初の4回の審理と判決（地裁→高裁→最高裁→高裁）の時代、1950年代の最高裁長官・田中耕太郎氏は、いわゆる「タカ派」として知られ、社会の裁判批判を「雑音」として排斥しました。全国高裁長官・地家裁所長会同（1955年5月）で、次のように訓示したのです。

「ジャーナリズムその他一般社会の方面からくる各種の圧迫に対し裁判官が毅然として独立を維持しなければならない」「我々裁判官としては、世間の雑音に耳をかさず……」

こうした空気の中で、冤罪の疑いのある刑事事件や、いわゆる公安事件の裁判が行われていたのです。

ここでは、公安事件の一つ「青梅線事件」（または青梅事件）を紹介します。最高裁の判決の直前に、冤罪を証明する新証拠を、あえて最高裁裁判官の目に触れるように、新聞紙面に掲載したのです。

【青梅線事件】

1952年2月19日、東京郊外の青梅線・小作《おざく》駅構内から貨車4両が職員の過失で暴走した。これら数件の列車・貨車事故で、日本共産党員など10人が鉄道往来妨害などの容疑で逮捕・起訴された。

一審（東京地裁八王子支部、1957年11月）、控訴審（東京高裁、1961年5月）は8被告（2人は病気などで公判停止）に懲役8年～2年の有罪判決。上告審の最高裁で高裁差し戻しとなり（１９６６年３月）、その差し戻し控訴審で無罪が確定した（１９６８年３月）。

「新証拠発見」を報じる

最高裁長官の「ジャーナリズム雑音」批判を意に介さずに、読売新聞は、一、二審有罪だった公安事件を無罪に導く「新証拠発見」という記事を掲載しました（下の紙面）。

最高裁は原則として、下級審での弁論や提出証拠をもとに、下級審の判決を審査するのであって、新たな証拠が提出されても、それを審理する義務はありません。最高裁が、上告段階で提出された新証拠を受理した前例は「松川事件」１件だけでした。

【松川事件】

青梅線事件　被告に有利な新証拠
「貨車暴走は過失」
東鉄の〝事故原簿〟発見
〝無実のキメ手〟いきごむ弁護団

1964年12月2日　読売新聞

1949年8月、東北本線松川駅近くで起きた列車脱線転覆事件で20人が起訴され、一、二審判決は死刑を含め全員有罪。上告審の最高裁が、アリバイ立証の証拠「諏訪メモ」の提出を検察に命じ、高裁への差し戻しを判決（1959年8月）。その再控訴審（仙台高裁）の無罪判決が再上告棄却（最高裁）で確定した（1963年9月）。

1964年の秋のことです。松川事件の弁護団にも加わっていた青梅線事件の主任弁護人・竹沢哲夫弁護士から「青梅線事件の冤罪を証明する新証拠が見つかった」と知らされました。「事件は被告たちの犯行ではなく、国鉄職員の過失による事故だった。それを裏付ける国鉄保管の『事故原簿』が見つかった」というのです。

しかし、裁判は、事実調べをする下級審（一、二審）から最高裁に移っていました。竹沢弁護士は「これまでの下級審の審理で証拠として提出されていなかったまったく新しい資料だけに、最高裁の審理に『証拠』と認めさせるのは難しい」と頭を抱えていました。

そこで私は「その新証拠の発見を報道しましょう。社会の雑音に耳を貸さないという最高裁の裁判官も、新聞記事を読んだら、それを無視できないでしょう」と提案しました。

「狭き門」をこじ開ける

そして、弁護団が最高裁に「証拠として提出命令を出すよう」申し立てた（1964年12月1日）のに合わせて、事故原簿の存在とその価値を報道しました。最高裁（第一小法廷）は口頭弁論で、「参考に記録する」として事故原簿を受理しました。判決（1966年3月24日）は、原則通り、直接、新証拠（事故原簿）には触れませんでしたが、実際は心証を動かされたのでしょう。そして、高裁に裁判のやり直しを命じました。

翌日の読売新聞に載った竹沢主任弁護人の手記「自白偏重に科学の光」は次のように述べています。

思えば長い裁判だった。

一審判決で印象的だったことは、自白組全員に執行猶予が付けられたことだ……（しかし、その）自白組の全員が控訴をした、と聞いて驚いたものだ。読売新聞の三多摩版で、自白組は控訴の心境をこう語っている――「初めからなにもしていないのに、みなさん（ほかの被告）にすまない」

そして、一審の公判で維持してきた自白組の自白が、恐ろしい拷問の末になされたものであるという事実が、彼らの口からトツトツとして明らかにされた。
最高裁は事故原簿には一言も触れていないが、心証形成過程では有力な資料であったことは間違いないと思う。差し戻し審で松川事件の「諏訪メモ」と同じように証拠調べされることになるだろう。

その通り、東京高裁の差し戻し控訴審は、判決で、最高裁が「事故原簿」を受理したことを明示して、その証拠価値を認め、全員の無罪を言い渡しました（1968年3月）。逮捕から16年たっていました。

第5話

裁判官の「独立と良心」

裁判官は「良心に従い独立してその職権を行い」（憲法第76条③）、その「良心」は「外部の圧力や誘惑に屈しないで、自己内心の良識と道徳感に従う」（最高裁判例）とされています。

日本国憲法 第76条【司法権の機関と裁判官の職務上の独立】

③すべて裁判官は、その良心に従ひ独立してその職権を行ひ、この憲法及び法律にのみ拘束される。

最高裁大法廷判決（昭和23年11月17日）【裁判官の良心】

憲法第76条第3項の裁判官が良心に従うというのは、裁判官が有形無形の外部の圧迫乃至誘惑に屈しないで自己内心の良識と道徳感に従うの意味である。

しかし、裁判官が客観的に正しい独立や良心を維持するのは、たやすいことではありません。実際には、証言や物証や鑑定などをもとに形成された自分自身の「心証」（事実認識や確信）を信じて判決を下す極めて孤独な職務です。

毎日開かれる裁判一つ一つに、裁判官の人格や人となりが映し出されるドラマです。最高裁裁判官だった団藤重光さんなど死刑廃止を訴える人々は増えています。日本人だけではありません。駐日英国大使のジュリア・ロングボトムさんも、機会あるごとに「日本の死刑廃止」を訴えています（２０２２年12月。毎日新聞夕刊など）。無実を訴える被告が処刑された飯塚事件や、重要証人である主犯が処刑された梅田事件などを知ると、死刑制度には反対せざるを得ません。

かつて、東京高裁には死刑判決の有無で「地獄部」と「極楽部」といわれた刑事裁判部がありました。いずれにしろ、日本の現行法規では、裁判官は個人的信条から離れた判決を言い渡さなくてはなりません。

心証形成、孤独な裁判官

次頁の紙面は、東京高裁刑事部の一裁判官が同じ日に言い渡した判決の記事で、「地獄」「極楽」、硬軟両面の判断で注目されました。

右は神奈川県横須賀市の強盗殺人・死体遺棄事件で、一審判決が被告に無期懲役を言い渡し、検察が控訴していましたが、同高裁は「残忍な犯行」として、一審判決を破棄し、極刑の死刑を言い渡しました。

左の事件は、モーターバイクをゾウリ履きで運転していて、道路交通法違反（運転者の順守事項）に問われ、一審は無罪でした。この控訴審も一審判決を支持し、「履き物は都道府県の規則に任せられていて、一概に違法とされない」と述べて、検察の控訴を棄却して無罪としました。

無期を破棄
死刑の判決

ゾウリばきの運転
違反にならない

1964年6月29日　読売新聞

この二つの判決の裁判長は経験の深い小林健治判事で、司法記者の間では、厳しい裁判官の一人と見られていました。しかし、これらの判決では、一概にそうとは言えないと思いました。この判決の後、私はこの裁判官に会えるかどうか、刑事5部（当時）を訪れました。判事は快く取材を受けてくれました。

穏やかな人柄で、こんな話が出たのです。

「静岡の強盗事件で、唯一の物証が足跡鑑定です。しかし、鑑定料が異常に高額なので調べると、トラックいっぱいの石膏型を取って、やっと一つだけ犯行足跡に合う型が取れたというのです」

そして、「この鑑定をどう思いますか?」と聞かれました。

間もなく開かれたこの事件の控訴審判決で、小林裁判長は一審の有罪判決を破棄して無罪を言い渡しました。この判決は記事になりませんでしたが、私は、世間から隠れるようにして暮らしていた被告の家族を訪ねて、無罪判決を伝えました。

元裁判官、死刑被告を弁護する

小林判事はそれから2年後に退官し(1966年)、弁護士になりました。

そして、一、二審で死刑判決を受けた強盗殺人事件の被告・長谷川武の国選弁護を引き受け、「被告には殺意がなく、計画的な殺人ではなかった」と、熱心に死刑の取り消しを最高裁に訴えました。

残念ながら上告は棄却されて、死刑が確定しましたが、小林弁護士と長谷川被告との間では、弁護人受任から処刑までの3年間に多くの手紙のやりとりがありました。それらの手紙は、小林弁護士の逝去（1988年）後、遺品から見つかり、被告からの手紙は47通もありました（詳細は堀川惠子『裁かれた命　死刑囚から届いた手紙』講談社、2011年）。

軍部に抗し、「司法の独立」貫く

小林氏の清廉で「独立自尊」の人柄は、退官後に広く知られるようになりました。特に、「大津事件」とともに、「司法の独立」の金字塔とされる「中野正剛事件」との関わりが特筆されています。その詳細は、退官後に初めて小林氏本人から語られ、その後、同判事（当時予審判事）付きだった職員からも裏付けられました。

事件は、戦時中にあって、軍部の圧力と、それに抗せなかった検察の意向に反して、中野正剛代議士の勾留請求を却下したというものです。

【大津事件】

1891年、ロシアのニコライ皇太子が滋賀県大津で巡査に切りつけられ負傷した。政府は大逆罪を主張したが、大審院院長・児島惟謙は謀殺未遂罪を適用し、司法権の独立を守った。

【中野正剛事件】

第二次世界大戦中の1943年10月25日、軍を批判して拘束された代議士・中野正剛を陸・海軍刑法違反で勾留するよう軍の命令を受けた検察官が、小林予審判事に勾留の許可を求めた。しかし、同日、帝国議会が召集され、翌日開会されることになっていた。小林判事はその日を「議会会期中」と判断して、勾留請求を却下した。しかし、中野代議士は、軍の監視下に置かれ、2日後に割腹自殺した。

小林氏の回顧によれば、勾留請求に訪れた検察官から「この時局に責任問題が起きますよ」と言われましたが、「こんな事実で代議士の言論を奪おうとい

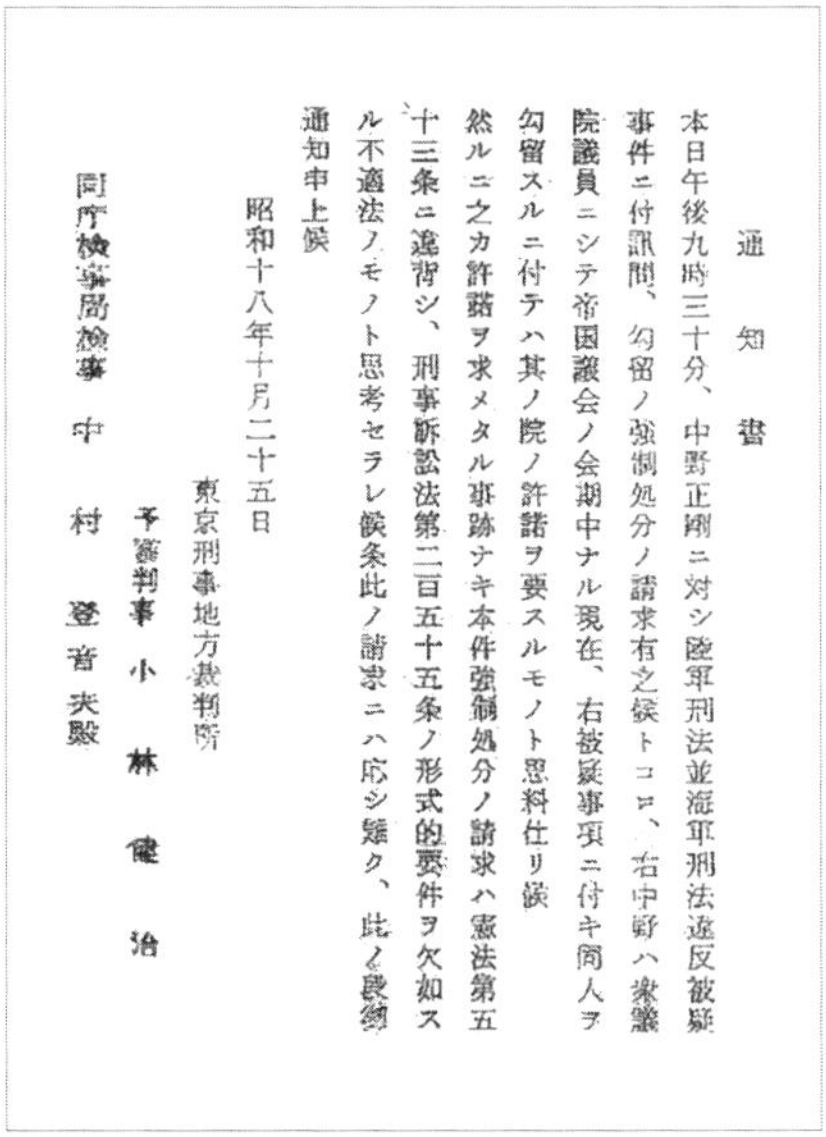

通知書

本日午後九時三十分、中野正剛ニ対シ陸軍刑法並海軍刑法違反被疑事件ニ付訊問、勾留ノ強制処分ノ請求有之候トコロ、右中野ハ衆議院議員ニシテ帝国議会ノ会期中ナル現在、右被疑事項ニ付キ同人ヲ勾留スルニ付テハ其ノ院ノ許諾ヲ要スルモノト思料仕リ候

然ルニ之カ許諾ヲ求メタル事跡ナキ本件強制処分ノ請求ハ憲法第五十三条ニ違背シ、刑事訴訟法第二百五十五条ノ形式的要件ヲ欠如スル不適法ノモノト思考セラレ候条此ノ請求ニハ応シ難ク、此ノ段御通知申上候

昭和十八年十月二十五日

東京刑事地方裁判所

予審判事　小林健治

同庁検事局検事　中村登音夫殿

勾留請求却下の通知書

う君たちの憲法解釈こそ困ったものだ」と反論しました。さらに、小林判事は「中野代議士をすぐに帰宅させなさい」と検事に念を押しました。しかし、小林判事の配慮と決断にもかかわらず、残念ながら、中野代議士が帰宅できたのは翌日で、そして、憲兵に監視されたまま、27日に自害しました（小林健治「ある元裁判官の想い出（上）（下）」『法曹』第２０３号・第２０４号、法曹会、１９６７年より）。

裁判官は、法に基づいて、そして自分の「心証」の正しさを信じて人を裁かなければならないのです。

市井の事件でも、国の一大事でも、同じように、「こんな鑑定や証拠で有罪にできるだろうか」とつぶやくであろう小林判事の決断に、裁判官の厳しさを痛感します。

第6話

「白鳥決定」と「無罪の推定」

小林健治判事が軍の意向に反して代議士の勾留を却下した「中野正剛事件」が、「大津事件」とともに、戦前、「司法権の独立」を守った金字塔とされているのは、第5話で述べた通りです。

「無罪発見が絶対的責務」

その小林判事は、刑事事件の在り方や、有罪・無罪の選択について、後輩裁判官に大きな影響を与えています。その一人、渡部保夫判事は自著論文「職業裁判官と事実認定」(『刑法雑誌』１９８９年29巻３号)で小林判事の理念をこう引用しています。

有罪方向の証拠をいかに丹念に読んでも、「無罪の発見こそは刑事裁判官の絶対的責務」(故・小林健治判事)という態度でなければ妥当な認定に到達できない。

そうして、渡部判事自身、本書第3話に掲載した「梅田事件」の再審決定（第二次再審請求抗告審・釧路地裁）や、第4話で詳述した「青梅線事件」の無罪判決（差し戻し控訴審・東京高裁）に深く関与しています。

梅田事件では、次のように主犯の供述を厳しく衝いて、冤罪被告を無罪に導いていました（『判例時報』1985年1141号）。

一般的に、主犯は罪責の一部を他に転嫁するなど虚偽供述を含む恐れなしとしないこと、羽賀（主犯）の奸智にたけた冷酷な性格等も考慮すると、再審請求人（梅田義光）を共犯とする部分も、もともと証明力が高度な物とは言えない……。

「証拠捏造」の恐れ衝いた団藤重光

小林判事の理念を補強する貴重な判例が、最高裁の「白鳥決定」（後述）と言えるでしょう。その決定の主要部分はこの第6話の末尾に記載しましたが、その作成者は当時の最高裁裁判官・団藤重光さんです。

団藤さんは、白寿直前、98歳の長寿で亡くなりました（2012年6月）。東京大学教授の時以来、何度か取材でお会いしましたが、最高裁に移られてからも、その温顔は変わりませんでした。亡くなられた翌日（6月26日）の各紙は「刑事法学の権威」「死刑廃止論」「再審の門を広げた白鳥決定」「一票の格差」など、数々の功績をたたえていました。

白鳥決定は衝撃的でしたが、決定の出た当日（1975年5月20日）、私は社説「白鳥事件の最高裁決定が示す意義」を書き、翌朝の読売新聞に掲載されました。白鳥決定の意義が「『疑わしきは被告人の利益に』という法理を再審請求訴訟に広げた」ことにあるのはもちろんです。

私は、この決定が、その判断を下した経緯で、もう一つ重大な事実に着目したことに目を見張らされました。決定は、次のように述べていたのです。

証拠に関し、第三者の作為、ひいては、不公正な捜査の介在に対する疑念が生じうることも否定しがたいといわなければならない。

補足すると、この疑念は「捜査当局による証拠の捏造」についてだったのです。

蛇足になりますが、〝新米記者〟だった私は1956年から4年間、札幌の裁判所や検察庁も担当し、白鳥裁判を取材しました。

それは、捜査当局が動かしがたい物的証拠とした「試射弾丸」の真偽など、疑問の多い事件でした。しかし、当時は、「捜査官による証拠捏造の疑い」とまでは書けませんでした。最高裁の「白鳥決定」は、事件自体については、他の証拠から冤罪とは判断しませんでしたが、「被告を有罪にするために、捜査当局が証拠を作る疑いがある」ことを、厳しく明確に指摘したのです。

私の書いた社説は次のように結ばれていました――「再審開始に必要な新証拠の取り扱いについて最高裁が示した前向きの判断は、えん罪に泣く人々に明るい希望を与えた。今後は裁判官が、確定判決の心理的束縛からも自由になることを望む」

司法記者としての私は、人権を尊重する裁判官とともに、団藤先生から「正義」や「事実認定」について貴重な教訓と示唆を受け取りました。

温厚にして堅固な人権尊重の法理論を象徴するエピソードを付記します。

先生は、弥生式土器の発祥地である東京大学農学部横の文京区向ヶ丘弥生町に住んでおられました。各地の歴史的町名や区域が、機械的に変えられる趨勢の中で、先生は、町名の文化的意味を強調されて、「弥生」町名の存続維持に尽力され、最高裁裁判官になる前、町名変更反対訴訟の原告にも加わられました。その地域は1970年に、いったん「根津」に変えられましたが、2年後、「弥生」に復活しました。

「無罪」と「有罪」の分かれ目

残念ながら、白鳥決定のような「無罪推定」の理念は、すべての裁判官や裁判に浸透してはいません。以下は、そうした残念な実態を物語っています。

「強盗殺人事件で奪われた金銭」に関する2件の類似した供述の信頼性について、裁判官による判断が正反対になりました。その結果、被告が「無罪」にも「有罪」にもなり得るという興味深い裁判例です。

無罪の推定

奪取金の金額及びその分配に関し、被告人らの警察自白が相互に矛盾抵触しているのは、被告人らが金員奪取に関与し、分配したという事実が存在しないため、遂に供述が帰一するところを得なかったのであり、犯行の事実も架空であることの証左ではなかろうか、との疑念は払拭《ふっしょく》できない（「八海事件」第三次上告審判決。1968年10月25日、最高裁第二小法廷。裁判長・奥野健一。関与裁判官5人全員一致。抜粋）。

有罪の推定

一般に、捜査官が被害金額を確認しえない案件では、故意に金額等についての供述を変転させ、後に至って犯行を否認する足がかりにするという場合等、いろいろの態様を考えうる。本件の供述の変転は、一般例の故意による供述の変転の場合にあたると推認しうる。供述が両被告人を真犯人でないとする証左となしえない（「布川事件」上告審判決。1978年7月3日、最高裁第二小法廷。裁判長・大塚喜一郎。関与裁判官4人全員一致。抜粋）。

驚くのは、後者が「白鳥決定」3年後の判断で、しかも全員一致だったことです。しかも、白鳥決定が対象とした再審請求の審理ではなく、証拠の価値判断では「無罪の推定」が一般的だったはずの通常の刑事裁判でした。「推定無罪」の原則に沿った前者・八海事件の方の判断は、10年後の後者・布川事件にまったく生かされなかったのです。

【八海事件】

1951年、山口県熊毛郡麻郷村八海（現田布施町八海）で発生した強盗殺人事件で、真犯人から共犯とされた４人が下級審で死刑や無期懲役を言い渡された。１９６８年、三度目の上告審（最高裁）で４人の無罪が確定した。

【布川事件】

１９６７年、茨城県利根町布川で起きた強盗殺人事件で、青年２人が逮捕・起訴され、無期懲役が確定した。出所後の２００９年に再審が開始され、逮捕から44年後の２０１１年６月、水戸地裁土浦支部の無罪判決が確定した。

捜査過信の危険

第2話の繰り返しになりますが、最高裁が布川事件の有罪を決定したとき、私は社説で次のように書いて、この「有罪の推定」を批判しました。

「被告人が奪ったとされる金のあった場所と額、分配の場所と額など、肝心の金に関する自供は、実にあいまいなのである。それは、捜査官が知らない事実だから、えん罪の被告人には供述させようがなかった、とみるのが自然ではないだろうか」

「『自発的に』事実について自白を始めた、と最高裁が認めているような犯人が、なぜ、うそをつく必要があるのか」

「捜査官の誘導によって供述調書がつくられた、と判断する方が、理にかなってはいないだろうか」

白鳥事件　最高裁決定の判示要旨

一　刑訴法第435条6号にいう「無罪を言い渡すべき明らかな証拠」とは、確定判決における事実認定につき合理的な疑いをいだかせ、その認定を覆すに足りる蓋然性のある証拠をいう。

二　刑訴法第435条6号にいう「無罪を言い渡すべき明らかな証拠」であるかどうかは、もし当の証拠が確定判決を下した裁判所の審理中に提出されていたとするならば、はたしてその確定判決においてされたような事実認定に到達したであろうかどうかという観点から、当の証拠と他の全証拠と総合的に評価して判断すべきである。

三　刑訴法第435条6号にいう「無罪を言い渡すべき明らかな証拠」であるかどうかの判断に際しても、再審開始のためには確定判決における事実認定につき合理的な疑いを生ぜしめれば足りるという意味において、「疑わしいときは被告人の利益に」という刑事裁判における鉄則が適用される。

昭和50年（1975年）5月20日
最高裁判所第一小法廷

裁判長裁判官　岸上康夫
裁判官　藤林益三
裁判官　下田武三
裁判官　岸　盛一
裁判官　団藤重光

＊筆者注＝刑事訴訟法第435条第6号は「再審を許す判決・再審の理由」として「明らかな証拠をあらたに発見したとき」と厳密に規定しています。

第7話 「ハト派」と「タカ派」

「袴田事件」や「日野町事件」など、最近の相次ぐ再審開始決定では裁判官の心証による「無罪の推定」の原則が生かされました（袴田事件＝東京高裁２０２３年３月13日、その後、再審無罪確定。日野町事件＝大阪高裁２０２３年２月27日、最高裁へ）。

そうした心証には担当裁判官の個性が反映され、その結果、裁判官は「ハト派」か「タカ派」か、あるいは「人権尊重派」か「法の威信重視派」か、などと論評されます。

被告に詫び、頭下げた裁判官

「ハト派」の判決には、しばしば人情味が投影されます。60年前、「がんくつ王事件」の再審裁判で無罪を言い渡した名古屋高裁判決では、小林登一《とういち》裁判長が冒頭に「当裁判所は被告人否ここでは被告人と云うに忍びず吉田翁と呼ぼう」と述べて、傍聴席の度肝を抜きました。そして判決を次のように結びました。

吾々の先輩が翁に対して冒した過誤をひたすら陳謝すると共に、実に半世紀の久しきに亘り克《よ》くあらゆる迫害に堪え自己の無実を叫び続けて来たその崇高なる態度、その不撓不屈《ふとうふくつ》の正に驚嘆すべき類なき精神力、生命力に対し、深甚なる敬意を表しつつ、翁の余生に幸多からんことを祈念する次第である。

そして、裁判官3人がそろって頭を下げたのです。記者席の私はびっくりしました。そのとき、吉田老は、身動きもせずにじっと聞いていましたが、閉廷とともに両手を上げて「バンザイ！」と叫びました。添付記事の写真の通りです。

そして、その9カ月後に永眠しました（1963年12月1日。享年84歳）。

ここで、添付の新聞記事の写真についてのエピソードに触れます。

戦後一時を除いて、法廷での写真撮影が許され

吉田老、50年目の春
「さち多かれ」と裁判長
一斉にわき起こる万歳

1963年2月28日　読売新聞夕刊

るのは開廷前（被告入廷前）だけです。メディアで写真の代わりに被告のスケッチが使われるのはそのためです。「がんくつ王」の再審判決では、たまたま名古屋高裁の長官が「自由人」といわれた近藤綸二《りんじ》氏で、小林裁判長と共に「庁舎管理権」をもとに、傍聴席と記者席を増設し、そして法廷での写真とテレビの撮影を認めたのです。

近藤氏は開かれた司法の実践者でした。その判決報道の直後、朝日新聞が「近藤長官、最高裁裁判官に内定」と報じました。しかし、法曹界内部から反対が出て、いわゆる「新聞辞令」で終わりました。

【がんくつ王事件】

1913年名古屋で起きた強盗殺人事件の犯人の虚偽証言によって主犯とされた吉田石松さんは、一審死刑の後、上告審の無期懲役が確定して服役した。1935年仮出所後、犯人からわび状を取り、新聞が「巌窟王」として報道した。戦前戦後の度重なる再審請求が退けられた後、日本弁護士連合会（日弁連）の支援を得て、1962年、五度目の再審請求が認められ、1963年2月、名古屋高裁で無罪判決。そのまま確定した。

「タカ派」裁判官の罵詈《ばり》雑言「意見」

一方、「タカ派」としては、最高裁の田中耕太郎長官、下飯坂潤夫《しもいいざかますお》判事などが知られています。

田中長官は、松川事件裁判に対する社会の批判を「雑音」と非難しました。しかし、差し戻し控訴審で仙台高裁は無罪を言い渡し、第二次上告審（1963年9月12日、第一小法廷）もそれを認めて、無罪が確定しました。

下飯坂裁判官は、その上告審の判決で、全文の9割（370頁中の330頁）を使って、辛辣《しんらつ》な少数意見を書きました。いわく……

「原判決（差し戻し控訴審の無罪）は……驚く程の舞文《ぶぶん》曲筆《きょくひつ》で一、二審判決を一蹴している」

「その浅薄さ、その短見さ、極言するとその卑劣さ、言うべき言葉を知らない。しかも大言壮語する。弱い犬程大いに吠えるのたぐいである」

「原判決はいろいろごまかしは言うが……『珠玉の真実を発見した』と言って胸を張り、本件を白だと断定し、全篇に無罪ムードを漲《みなぎ》らせているのである」

そして「ともあれ、私の少数意見は心ある人や後世の史家が正しく批判してくれるであろうことを信ずる」と結びました。

しかし、「後世の史家」が下飯坂意見を是認することはないでしょう。

1970年に、東京高裁は「松川事件」について国の賠償責任を認め、判決は「主な証拠は被告人の自白だけで……（その）信用性を認めるべき合理的理由を見出すことができなかった」と断定しました。

実は、この松川事件第二次上告審の判決では、斎藤朔郎裁判官が、下飯坂意見とはまったくトーンの違う、次のような穏当な補足意見を述べているのです。それが冷静な裁判官が抱くべき「心証」ではないでしょうか。

昭和45年8月1日（土曜日）

松川事件 国家賠償

高裁でも国側敗訴

七千六百万円 ほぼ一審通り

「上告はしないで…」

もう21年も苦しんだ

松川元被告団 法務省に訴え

松川国家賠償判決理由（要旨）

1970年8月1日　読売新聞夕刊

今日においても、多くの刑事事件が自

白を有力な証拠として処理せられていることは、否めない事実である。しかし、ただ一口に自白といっても、公判廷における自白と捜査中だけの自白とでは、裁判官においてその真実性を吟味するのに格段の相違があるので、おのずからその証明力の評価にも微妙な差異を生ずることは当然である。

すなわち、公判廷の自白であるならば裁判所が直接にその自白を聞くのであるから、もし自白の内容に矛盾をふくんでいるときは、真実性に誤りないかをいろいろの角度から吟味することができる。しかし、捜査中だけの自白の内容に矛盾を含んでいるときには、裁判所としてその真実性を吟味するのに十分な方法を持たない。

かような場合に、その自白以外に極めて有力にして的確な別の証拠がないかぎりは、その矛盾を解消できないままで裁判所が真実性を認めることは到底できないところである。

（記載の各判決文は最高裁判例集から）

【松川事件】

1949年8月、東北本線松川駅近くの列車脱線転覆事件で20人が起訴され、一、二審判決は死刑を含め全員有罪。差し戻し控訴審の無罪判決の後、最高裁への再上告が棄却されて無罪確定（1963年9月）。

「ハト派」裁判官の戒め

法曹界で誰もが「ハト派」と認める元裁判官は木谷明氏でしょう。東大法曹会の講演会「冤罪はなぜなくならないか」（２０１３年3月）で、元日本弁護士連合会会長・本林徹氏は、木谷氏をこう紹介しています。

おびただしい数の無罪判決を出された。しかもその無罪判決がすべて確定しているという事実が、まさに木谷さんの刑事裁判の事実認定に向かう真剣さ。それから無罪の人を処罰しないという強い信念の表れ。それを物語っていると思います。

そうした無罪判決は30件を超すといわれていますが、木谷氏本人はこの講演で、こう述べています。

「無実の人を罰する不正義」と「真犯人を取り逃がす不正義」の問題があります。……無実の人を処罰することと、真犯人を処罰することでは、前の方が圧倒的に重みが大きいということは誰でも分かるはずなんです。けれども、次々に冤罪が繰り返されているのが現状です。……私はこう思うのです。人間のする裁判では、どんなに優れた人が慎重に裁判をしても間違いが必ず起こる。同じ間違うのであれば、真犯人を逃してもいいから無実の人を罰すべきではないと、こういうふうに考えています。

そして、自白、目撃証言、物証の危険性を強調しました。

第8話

再審途中で釈放――滝（淳之助）事件

検察官（検事）はあらゆる犯罪を捜査し、被疑者を起訴し、公判で有罪を主張します。一見怖い職権です。

「検察官一体の原則」

実際は、捜査や事件処理について幅広い「自由裁量」の権限を持っています。しかし、裁判官のように「独立」してはいません。そして、検察官の職域は、司法（検察庁）と行政（法務省）の両面にまたがっていますが、この「自由裁量」の権限は、「検察官一体の原則」に縛られます。検察官の職務は検事総長をトップにして統制されます。

「袴田事件」の再審開始決定（東京高裁）について、一部のメディアは「検察内部では最高裁に特別抗告する意向が強い」と報道しましたが、抗告期限ぎりぎり（2023年3月20日）の断念は検察の総意と言えます。その後の静岡地裁の再審での静岡地検検事による有罪立証の蒸し返しや死刑求刑は強引と言えますが、そうした立証方針も担当公判検事の一存では決められません。

つくられた凶悪犯人像

冤罪事件に対する検察の責任の取り方について、私はかつて、「法務・検察当局に求めたい人権感覚」という題の社説を書きました（1975年5月22日）。

取り上げた冤罪は「滝（淳之助）事件」で、これは、まさにフィクション小説のような捜査当局による捏造でした。

「がんくつ王事件」の無罪判決（1963年2月）から間もなく、それに刺激されてか滝受刑者が、日本弁護士連合会（日弁連）に「冤罪救済」を求める手紙を送ってきました。

私は日弁連の担当者から「どう思いますか」と聞かれました。その後送られてきた詳細な記録を精査して、強盗殺人事件など、未解決の多くの事件を警視庁上野署で〝自供〟したことが分かりました。ヒロポン中毒だった上、食事のご馳走にあずかるなど、いわゆる〝どんぶり〟供応の結果でした。

日弁連が救済に踏み切ったとき、滝受刑者が「再審をあきらめる」と申し出てきました。出所の恩赦を求める場合、「冤罪の主張は服役態度の評価を悪くする」と刑務所側から助言されたというのです。追い詰められた窮地を救うために、私はこの事件の経緯を説明し、「法務検察の決断」を求める前例のない社説を書いて、掲載しました。長いですが、この項の文末に全文掲載します。

社説が掲載された直後、国会の委員会でこの問題が討議されました。しかし、再審裁判の判決が出たのは、それから数年後の1981年3月。しかも、1件だけの無罪判決で、原判決の刑は覆りませんでした。

法務・検察当局に求めたい人権感覚

1975年5月22日　読売新聞

服役22年、ついに仮釈放

ところが、社説掲載の半年後（1975年11月）、再審の経過を待たずに、法務省保護局長の古川健次郎氏から「滝受刑者の仮釈放が決まった」と知らされました。仮釈放を決めた関東地方更生保護委員会は滝氏の服役期間が既に22年に及んでいること（当時、無期懲役囚のほとんどは20年以内に仮釈放された）や、再犯の恐れがないことなどが考慮されたようです。

出所後の滝氏を訪ねると、服役中に身に付けた職能を生かし、新しい家族を得て、幸せに暮らしていました。

法務・検察当局に求めたい人権感覚

読売新聞社説　1975年5月22日

人権と正義の守り手である司法機関は、自らがひき起こしたえん罪事件の救済には、積極的に取り組まなければならない。白鳥事件の再審請求に対し最高裁は棄却を決定したが、誤捜査のあり得ることをも指摘している。強盗殺人という重罪で千葉刑務所に収監されている一人の無期懲役囚のたどった運命をみても、えん罪事件に対する法務省や検察庁の姿勢には、大きな疑問を抱かされる。

その無期懲役囚は、滝淳之助（四五）という。昭和二十八年六月、東京地裁で有罪が言い渡され、服役したときは、まだ二十三歳の青年だった。それから二十有余年。彼の青春は鉄窓の内側でむなしく過ぎ去ってしまった。

彼の犯行とされた事件は、二十二年六月、千葉県市川市で一家三人が殺され、五人が重傷を負った自転車商強殺事件をはじめとして、強盗殺傷、強盗、窃盗などが計二十一件に上った。しかし、こそドロなど数件を除いて、凶悪事件は、すべて捜査当局が罪をなすりつけたのだ、と彼は主張する。

判決によれば、罪は死刑に値するが、強殺事件当時は十八歳未満だったため、少年法を適用して、極刑を減じた、という。一本の糸は、こうして今日までつながったわけである。

服役十年ののち、はじめて日本弁護士連合会に、えん罪を訴えてきた。それは、〝日本のがんくつ王〟吉田石松老人の不屈の再審運動に目を開かされたからだという。

強殺事件当時、彼が札幌市内で、左官の修業をしていたことは、多くの人の証言で明らかにされている。厳しい徒弟制度、ひどい交通事情の時代に、札幌と東京近郊の間を人にまったく気づかれずに、ハイティーン少年が、しばしばトンボ返りをすることが、不可能なことは、はっきりしている。

しかし捜査当局の協力なしに、えん罪を証明する物証、書証を捜し出すことは困難な作業である。日弁連の人権擁護委員会は彼の訴えから十年たった昨年二月、とりあえずアリバイ証拠のある二つの強盗事件について東京地裁に再審を請求した。その証拠は捜査当局が作成していた彼の犯歴カードである。それらの強盗事件当日、彼は別の窃盗事件で、警察や家庭裁判所に留置されていたことが記録されていたのだ。
検察官は、再審請求から一年以上たって、最近やっと意見書を同地裁に提出した。しかし、驚くことに、そのアリバイさえ否定しているという。一方では、今年はじめ「再審をあきらめる」という、彼の手紙が日弁連に届いた。弁護士との面会によって、その動揺は刑務所側の勧めによるものであることが分かった、と日弁連では言っている。

えん罪の再審運動が、服役者に何かと不利に働くことは、いままでにも例が少なくない。事実、彼はすでに二十二年も服役している。一般に無期懲役囚は、その九十数%が、二十年以内に仮釈放されている。仮釈放の基準の一つに、「改しゅんの情が認められる」という条件があるが、えん罪の主張は、しばしばその条件に反すると解釈されるようである。

再審の訴えは司法に対する挑戦ではない。人間としての当然の権利であるはずだ。確定判決を尊重することは、いわゆる法的安定性の確保のために大切である。しかし、司法に携わる人々の心構えとして最優先されるのは、人権尊重に外ならない。滝淳之助事件の再審と仮釈放に、検察・法務当局がどう対応するか、人権感覚の一つの尺度として注目したい。

第9話

思想を裁く――帝銀・偽証事件

東京・中野区の「平和の森公園」は、かつて「豊多摩監獄」から「豊多摩刑務所」、「中野刑務所」と名称を変えた刑務所跡地で、多くの政治犯や思想犯が勾留されました。

思想統制が激しかった戦時中の80年前（1945年6月）には、哲学者・三木清が収監されました。文学者・高倉輝（戦後の政治家タカクラ・テル）が治安維持法違反で逮捕された後、警視庁から脱走したとき、彼を保護したためでした。そして、敗戦直後の9月、劣悪な衛生・治療環境の中、48歳で獄死しました。

2021年には、この「旧中野刑務所の正門」（旧豊多摩監獄正門、後藤慶二設計）が中野区の有形文化財に指定されました。ところがそれ以前には、とんでもないビラが中野区議会の自民党区議員団によって区内の家庭に投げ入れられました。歴史的に重要なこの文化遺産を「教育環境に悪影響なのでその撤去を求める」と主張したのです。

しかし、幸いに、2019年、中野区が最終的に「保存する」と決めました。刑務所跡は、すでに公園として整備され、草地やグラウンドや総合体育館などで市民の憩いの場になっています。さらに、現在、新しい小学校の建設が進められています。学童たちにとっては、「教育環境に悪影響」どころか、日本の近代の歴史を知る「有益な教育環境」になることが期待されます。

覆った検察の「偽証工作説」

実は、治安維持法などによって「思想」を裁いた敗戦前の国家権力の悪夢が、戦後も検察や司法に生き残っていたのです。その信じがたい事実を以下に紹介します。

その事実を、「帝銀事件」から派生した「帝銀・偽証事件」の控訴審判決に見ることができます。

この偽証事件は、帝銀事件の被告・平沢貞通の再審請求裁判で冤罪を主張した証人の証言が偽証とされた事件です。検察側は「平沢貞通氏を救う会」事務局長・森川哲郎が、「画商・野村晴通などを操った偽証工作」と主張しました

しかし、平沢被告の再審請求を退けた東京高裁の請求棄却決定（1965年3月）では、兼平慶之助裁判長が「事実の捏造は許せない」として、野村の虚言（平沢から絵を買った）

を厳しく糾弾しましたが、「救う会」と森川事務局長の再審請求の動機については、その善意をくんでいました。

また、野村や森川が偽証で訴追された事件の一審判決（1966年7月。東京地裁）でも、高橋幹男裁判長は、「野村の偽証は明白」と認めたものの、森川については偽証主犯説を認めず、「野村をそそのかした点は証明不十分で無罪」とし、「野村証言を補強した単独偽証」のみで有罪としました。

このように、平沢被告の再審請求事件での高裁決定と、偽証事件での地裁判決は、共に「森川の意図的な偽証工作」という検察の主張を否定しました。

生きていた「思想検束」

当時は、公安事件の検挙が相次いでいました。松川事件、青梅線事件、メーデー事件などでは、長い裁判の末、結局は、無罪判決が確定しました。ところが、公安事件とは言えない帝銀事件の再審請求運動についても、検察側は「革新勢力の政治的意図」があると主張したのです。

私は司法記者として司法記者クラブに詰めていました。たまたま読売新聞がこのクラブの幹事社でしたので、私はこの偽証事件の証人として、野村の記者会見での態度などについて東京地裁の法廷で宣誓・証言を求められました。

実は、各社の記者は、野村の虚言癖と英雄気取りを見抜いていました。野村は率先して記者会見し、写真にポーズを取り、証言内容には、メモなしで自信たっぷりに話しました。私は、地裁でそうした事実を証言し、それが地裁裁判官の心証形成に影響したと思います。

しかし、控訴審では、検察が、再審請求運動は「政治的目的」と見なした犯意を強調しました。その結果、判決では坂間孝司裁判長が、「森川は父親の影響で反権力の偏見を抱き、確定判決を覆そうとした」と断定しました。地裁での証言や証拠に基づく事実調べをまったく無視して、検察の主張した「政治的動機」を採用して、有罪判決へと導いたのです。

戦後は権力の監視や批判が国民の権利となったはずです。しかし、高裁判決は、戦前の治安維持法時代の思想検束裁判と同列ではないでしょうか。


【帝銀事件】

1948年1月26日午後、東京都豊島区の帝国銀行椎名町支店で、男が「伝染病の予防薬」と偽って、行員らに青酸カリを飲ませ、12人が死亡、4人が重体となり、現金が奪われた。逮捕された画家・平沢貞通は犯行を否認したが、死刑判決が確定。歴代法相が刑の執行を認めないまま、1987年に95歳で獄死。

【帝銀・偽証事件】

画商・野村晴通は「平沢画伯から絵画16点を買って代金を払った」と、帝銀事件の再審請求訴訟で証言した。東京地検は1965年、「平沢貞通氏を救う会」事務局長の作家・森川哲郎と野村ら4人を偽証容疑で逮捕・起訴した。東京地裁は野村には実刑、森川には執行猶予を言い渡したが、控訴審（東京高裁）は野村に懲役2年、森川に同1年6月の各実刑を言い渡し（1968年11月）、上告も退けられて確定した（1971年11月）。

第10話

自白と偽証（上）

戦前は「自白は証拠の王」とされ、捜査では、被疑者の自供や参考人の証言を引き出すことが最も重要視されました。

そうした「法理」は、1949年施行の新刑事訴訟法で否定されました。しかし、現実には、そう簡単に消滅していません。有罪が確定した後の再審請求裁判では、一層ひどくなっていました。

半世紀前、最高裁は、いわゆる「白鳥事件決定」で、「再審開始のためには『疑わしいときは被告人の利益に』という刑事裁判における鉄則が適用される」としたのですが（1975年5月20日、第一小法廷。第6話参照）、その後も、この原則は無視されがちです。

「ミスター検察」の至言

検察庁で、東京地検特捜部からトップの検事総長にまで上り詰め、「ミスター検察」といわれた伊藤栄樹《しげき》氏は、こう言っていました。

昔から「自白は証拠の王」といわれるが、実は多くの場合、自白よりも証拠物の方が証明力が大きい。……いずれにせよ、検事と被疑者がのちに街角で再会したとき、笑って手を握れるような調べによって得られた自白だけが、信頼できる自白である。検事の良心に照らしこのことだけは忘れてはならない。

（伊藤栄樹『秋霜烈日――検事総長の回想』朝日新聞社、1988年）

刑事訴訟法（第319条）も、こう規定しています。

「①……任意にされたものでない疑のある自白は、これを証拠とすることができない」
「②被告人は……自白が自己に不利益な唯一の証拠である場合には、有罪とされない」

「自供・証言」による誤判

しかし、戦後になっても、冤罪事件で無罪の立証を阻んだ壁は、ほとんどの場合、「被疑者の自供や証人の証言」です。

「がんくつ王事件」での「共犯の供述」

「八海事件」での「単独犯・吉岡の供述」

「松川事件」での「被告・赤間の供述」

「青梅線事件」での「一部被告の供述」

「帝銀・偽証事件」での「主犯・野村の供述」

「徳島ラジオ商殺し事件」での「目撃証言」

「梅田事件」での「主犯の供述」

「布川事件」での「他の被疑者の自供」

など、数え切れません。

これらの事件の被疑者や証人は、「帝銀・偽証事件」を除いて、その後、すべて自供や証言が虚偽であったことを認めています。

なぜ、冤罪を生むそうした誤った供述が生まれ、立証過程で過信されるのでしょうか。

例えば、「青梅線事件」では、執行猶予となった共同犯行容疑の被告が、その後、「（うその）自供は捜査官の誘導、強制によるものだった」として、供述を翻しました。

これまで、再三紹介してきた「布川事件」では、容疑者とされた2人の片方に、捜査官がそれぞれ「2人の犯行を認めている」などのうそをついたり、「うそ発見器」で陽性反応が出たと虚偽の事実を告げたり、数々の工作をしました。

「無罪推定」の原則

第7話で紹介した木谷明元判事は、「自白」や「証言」の信頼性について、中学生を対象とした講演で、次のように分かりやすく説明しています（木谷明『刑事裁判のいのち』法律文化社、2013年）。

検察官はいろいろな証拠を提出します。一番手っ取り早いのは被告人の自白です。人は自分に不利なことは言わないのが普通ですから、容疑者が「自分が犯罪をしたことは間違いない」として犯行の手口や動機を詳しく述べた場合は、通常、被告人が犯人であることを示す有力な証拠であると考えられます。

しかし、捜査官に対する自白には、時にうそが混じることがあります。捜査官が、自分の見込みが絶対に正しいと信じ込んで容疑者に無理やりうその自白をさせてしまうことがあるからです。

目撃証言も必ずしも正しいとは言えません。人には見間違いということがありうるし、人がうそをつくこともあるからです。

そして、「検察官がどこまで立証した場合に被告人に有罪判決をするのか、と問われた場合の答えが『合理的疑いを差し挟む余地がない程度に証明されたかどうか』という判断基準です」として、さらにこの点を、次のように説明しています。

まず、「被告人は無実である」という前提から出発しなければならない。「犯人らしく見える証拠は提出されているが、本当は被告人は犯人でないのではないか」という頭でとことん考え抜き、それでも犯人でないとしたら容易に説明できない事情がある場合（平たい言葉でいえば、「まず絶対に犯人であると考えられる場合」）に有罪と認め、そうでない場合は被告人に無罪を言い渡しなさいという意味です。

木谷氏は、自著で、そうした基準に沿って関与した主要な裁判例を20件挙げていますが、特に、最高裁の調査官時代の5件に目を引かれます（『刑事裁判の心　新版』法律文化社、2004年）。

最高裁は、原則として事実調べはしません。そうした制約の中で、事実を丹念に調べて原審の判決を覆すのは、異例中の異例と言えるでしょう。

本人は「2000年5月に判事を退官するまで約37年間裁判官を務め、主として刑事事件を担当してきました。ところが下級審裁判官として死刑事件を担当したことがありません。大変めずらしい」と苦笑していますが（前出『刑事裁判のいのち』）、退官後は、死刑を含む冤罪事件の弁護に当たっています。

捜査当局の予断、引きずられる裁判所

実際には、裁判官は、木谷氏が求める「被告人は無実である」という前提より、「被告人は犯人である」という捜査当局の予断の方に引きずられやすい。「徳島ラジオ商殺し事件」の再審請求の審理は、その典型と言えるでしょう。

その後、目撃証人の店員2人が偽証を認め、冨士茂子さんは服役中から再審請求を繰り返しました。四度棄却され、五度目（家族申請の六度目と併合）に徳島地裁と高松高裁が再審開始を決定し、確定しました（1983年3月）。しかし、冨士さんは、地裁決定（1980年12月）の前年に病死していました。

再審開始を認めた徳島地裁の決定は、こう述べています。

有罪確定判決の決定的証拠は証人２人（元店員）の証言である。その〝供述の形成過程〟〝偽証告白に至るプロセス〟などを分析した結果、証言は虚偽で到底信用し難い。証言に基づく事実（犯行の状況）はすべて虚構と帰着する。

それまでの再審請求審の裁判官は、検察官と共に、そうした当然の事実判断を拒否してきたのです。私はその再審決定の際、社説で次のように書きました（読売新聞、１９８０年12月14日）。

「それら虚偽の証言と虚構の事実を設定したのは、検察に外ならない。それを、職務熱心の余り、と大目に見てよいものであろうか」

「人が人を裁くことのこわさをも、改めて痛感させられる。虚構を見抜けなかったのは、裁判官自身でもあったのだから」

「検察や裁判所が、しばしば強調してきた法的安定や検察一体原則が、どれほど人権を奪い、真実発見を妨げてきたか。茂子さんが強く訴えたのは、自らのえん罪をはらすことと同時に、そうした検察、司法の体質の改革だった」

この事件では、作家・瀬戸内晴美（後の寂聴）さんが、早くから冨士さんを支援していました。冨士さんとの共著で『恐怖の裁判――徳島ラジオ商殺し事件』を出版し（読売新聞社、1971年）、再審裁判の一審無罪判決（1985年7月9日）の際は、徳島地裁前で、親族、支援者と共にバンザイをしています。

【徳島ラジオ商殺し事件】

1953年11月、徳島市のラジオ店で店主が刺殺された。内縁の妻、冨士茂子さんが殺人罪容疑で逮捕され、一、二審で懲役13年の実刑が言い渡され、冨士さんの上告取り下げで確定し、服役した。第五次（及び六次）の再審請求で再審開始決定の後、徳島地裁の再審裁判で無罪が言い渡され（1985年7月9日）、検察の控訴断念で、そのまま確定した。

故冨士茂子さんの無罪判決に喜びの万歳をする家族と支援者の瀬戸内寂聴さんら。1985年7月9日、徳島地裁前（写真／時事）

飯塚事件、「冤罪」叫ぶも死刑執行

最近の再審請求事件では、「飯塚事件」と「大崎事件」が注目されました。

飯塚事件では、ＮＨＫが「ＢＳ１スペシャル『正義の行方～飯塚事件　30年後の迷宮～』」で２０２２年度文化庁芸術祭賞（テレビ・ドキュメンタリー部門・大賞）を受賞しました。冤罪を主張する当人の死刑が執行されたことに批判が高まりました。

ところが、２０２２年11月、葉梨康弘法務大臣は自民党議員のパーティーで「だいたい法相は、朝、死刑のハンコを押しまして、それで昼のニュースのトップになるのは、そういうときだけという地味な役職なんです」と発言しました。死刑を軽んじるような言葉は広く批判を浴び、法相を更迭されました。

この再審請求（第二次）では、「別の容疑者を見た」「事件当時、警察に届け出て、調書を取られた」という新証人の証言が新証拠として提出されました。それが事実として認められれば、冤罪の重要な証拠になるでしょう。しかし「地裁から証拠品リストの開示を勧告された福岡地検は、２０２３年5月、開示を拒否した」と報じられました（毎日新聞福岡版、同年6月2日）。事実立証の鍵となる「証拠開示」を裁判所が捜査当局に命令できないとは、人権を無視した不合理な再審の実態です。そして、翌年、同地裁は請求を棄却し（2024年6月5日）、福岡高裁の抗告審に移りました。

再審請求審における「証拠開示」の実現を求める動きは、法曹界内外で次第に高まっています。日本弁護士連合会は2023年6月の総会で「制度化」を決議し、国会でも超党派の「えん罪被害者のための再審法改正を早期に実現する議員連盟」が、2024年6月17日、小泉龍司法務大臣に、再審の法改正を求める要望書を手渡し、法相は「しっかり検討したい」と約しました。

【飯塚事件】

久間三千年《くまみちとし》さんは1992年2月、福岡県飯塚市で女児2人を誘拐して殺害し、遺棄したとして、2006年に最高裁で死刑が確定し、2年後に刑が執行された。妻による再審請求が棄却された後、第二次再審請求審・福岡地裁の非公開審理（2023年5月31日）で、木村泰治さん（74歳）がアリバイの新事実を証言した。しかし、同地裁は請求を棄却し（2024年6月5日）、高裁の抗告審へ。

【大崎事件】

鹿児島県大崎町で1979年10月、農業の男性を殺害・遺棄した容疑で義姉の原口アヤ子さん（当時52歳）の懲役10年の有罪が確定し（1981年）、服役した。3回の再審請求で、地裁や高裁は計3回、再審開始を認めたが、上級審で取り消された。「事故死」と主張した第四次再審請求も鹿児島地裁（2022年6月22日）と福岡高裁宮崎支部（2023年6月5日）で棄却され、最高裁に特別抗告するも棄却された（2025年2月25日）。最高裁裁判官の1人が一連の再審請求で初めて再審を認めるべきだとする反対意見を述べた。弁護団は五度目の再審請求を行う方針。

第11話

自白と偽証（下）

戦後の刑事裁判では「自白は証拠の王」ではなくなり、自白だけでは有罪にならないはずです。

しかし、実際には、被告の自白や証人の証言など、いわゆる人的証拠が同じでも、有罪か無罪か、あるいはどのような刑を科すか――が裁判によって違ってきます。それは、いわゆる「自由心証主義」によるからです。つまり、「証拠の証明力は、裁判官の自由な判断に委ねる」（刑事訴訟法第318条）からです。

「メーデー事件」――長期裁判の末、無罪

それにしても、冤罪事件の判決や決定を見ると、裁判官による判断の違いが大き過ぎます。

これまで異常に長かった刑事裁判（再審ではなく通常裁判）の一つに、20年近くかかっ

たメーデー事件があります。１９５2年5月1日、皇居前広場でのデモ隊と警官隊との衝突の後、騒乱罪で２６１人が起訴され、一審東京地裁（浜口清六郎裁判長）の審理は、判決（１９７０年1月28日）まで18年かかりました。そして、半数近くが有罪になりました。しかし、控訴審の東京高裁（荒川正三郎裁判長）は、わずか2年半余り後に「騒乱罪について全員無罪」を言い渡しました（１９７2年11月21日）。判決はそのまま確定し、結局、荒川裁判長の判断によって事件は冤罪となったのです。

【騒乱罪】
刑法第１０６条　多衆で集合して暴行又は脅迫をした者は、騒乱の罪とし、次の区別に従って処断する。……

東京高裁の荒川裁判長は、騒乱罪の構成要件となる「共同意思」と「一地方の静謐《せいひつ》（静穏）の侵害」を認めませんでした。後日談になりますが、一審の浜口裁判長は、メーデー事件に専心した後、高裁などを経ないで、新潟家裁所長に転出しました。控訴審で無罪判決が言い渡された直後、浜口裁判官に電話でお知らせすると、「エッ！」と絶句しました。

「八海事件」――裁判所を七度も行き来

メーデー事件は一審が長期裁判になったのですが、同じように通常の事実審で長い裁判となったのは1951年に起きた強盗殺人事件「八海事件」でしょう。この裁判は、左のように、地裁から最高裁まで、裁判所の間を7回も行き来したのです。

地裁（原審）→高裁（第一次控訴審）→最高裁（第一次上告審）→高裁（第二次控訴審）→最高裁（第二次上告審）→高裁（第三次控訴審）→最高裁（第三次上告審）

映画「真昼の暗黒」（今井正監督）で、有罪となった被告が「まだ最高裁がある」と叫んだのはこの事件です。しかし、その最高裁も揺れ動き、三度目の最高裁審理で、ようやく無罪が確定するまで17年余りかかったのです。

裁判がこじれた大きな原因は、単独犯・吉岡晃による供述「5人による犯行」ですが、同時に、そうした供述に対する裁判官の「自由な心証」による判断の分裂でした。

吉岡が死刑を逃れるために行ったうその自白（共犯説）と、それを裏付けるとされた証人の供述――それらを刑事が作成し、多くの検事と裁判官はだまされて、それらを「事実」

と判断したのです。

吉岡は多くの上申書を書きました。それらを含めた供述を裁判官は信じたのです。第三次控訴審（河相格治裁判長）は「吉岡の警察以来の供述には幾度か変遷があるが、大筋は一貫する」と述べました。しかし、上申書の中には死刑囚の手記からの盗用もあり、吉岡と接していた牧師ですら「彼は信用できない」と言っていました（詳細は後述）。にもかかわらず、多くの裁判官が誤判したのですが、吉岡は、最後の上告審に宛てた上申書で、明確に自分の「単独犯行」だと告白したのです。

検面調書の過信

事実を見抜けなかった河相裁判官は、5人共犯を裏付けるという証人の供述調書の信頼性について、「検察官の不当な圧迫によるものでない」として、特に検察官が作成した証人調書（検面調書）に信頼を寄せました。担当検察官も私に「刑事など警察官が聞き取った員面調書（司法警察員作成の調書）を疑ったとしても、検察官に対する供述は信頼できるでしょう」と自信を持って言いました。

実は私は、河相判決前に、検面調書で冤罪被告のアリバイを否定した目撃証人に会って、直接、話を聞きました。すると、

「ケンジ？　ケンサツカン？　……私は知りません。ケンサツチョウ？　それも知りません。私は刑事さんとしか話をしていません。事件があった日に、阿藤さん（冤罪の被告）に会った記憶はありませんでしたが、刑事さんが『あなたは道で会ったはずだ』と言うので、その通りに話しました。その後、刑事さんに付いて、別の警察の建物に行き、そこでも、同じことを言いました」

それが、冤罪のもととなった「アリバイ崩し」を立証した〝信頼できる〟検面調書作成の真相で、河相判決は、それに沿って、「被告人らのアリバイは完全に否定される」と断定したのです。

この原稿を書くために、改めて、判決記事を載せた当時の読売新聞大阪版（１９６５年8月30日夕刊。翌31日朝刊）を国会図書館で閲覧しました。

次の紙面の通り、夕刊の解説の見出しは、ずばり「割り切れぬ感じ　左右した裁判官の心証」でした。翌朝刊は、取材記者による座談会が一面をつぶしていて、それには、こんなエピソードが載っています。

「木を見て森を見ず」の言葉は下飯坂さん（最高裁裁判官）が好んで使ったが、弁護団は、自ら裁判の落とし穴に落ち込んだものだ、と反論している。

吉岡の上申書（多数犯主張）には、「ある死刑囚の手記」から盗用した文が15回も。吉岡を教導していた玉井義治牧師があきれて「吉岡は信用できん……」と憤慨、「彼の犯行ですよ」とまで言い切っていた。

そして、こう書かれています。

検察側が頼りとするのは吉岡の供述だけだったとされていた。「自白は証拠の王」だという旧刑訴法時代の考えが抜けきらず、自白に頼り過ぎたのが躓《つまず》きだった。二俣、幸浦、松川事件など、自白に頼った大事件はみな検察側の敗北に終わっていた。

割り切れぬ感じ

左右した裁判官の心証

解説

八海事件（第三次控訴審）解説。1965年8月30日　読売新聞大阪版夕刊

その上で「今度の判決でやっと〝検察の威信〟を取り返したことになる」と評したのですが、実際は、後日、最高裁の三度目の上告審で、この「検察の威信」は完全に失墜したのです。

「供述不一致」重く見た最高裁の判断

この座談会は、「『すべてが最高裁だ』と国民は注目している。人権を尊重し刑訴法の精神を生かして十分納得できる結論を望みたい」と結んでいます。

私のメモでは「最高裁は、この第三次控訴審の有罪判決を破棄し、最終的には無罪が確定するのではないか」と予測していました。

その通り、第三次上告審の決定（最高裁第二小法廷、１９６８年10月25日）は、「河相判決」を破棄して、無罪を確定させました。

その最高裁の決定はこう述べています。

一次上告審判決の垂水裁判官の補足意見も指摘するところであるが、そもそも被害者方からの奪取金の金額及びその分配に関し、被告人らの警察自白が相互に矛盾抵触しているのは、被告人らが金員奪取に関与し、これを分配したという事実が存在しないため、遂に供述が帰一するところを得なかったのであり、ひいては、原判決の認定するような被告人らの本件犯行への加功（加担）の事実も架空であることの証左ではなかろうか、との疑念は、その後、二次、三次の控訴審の審理を経由した現在、各審級において取り調べられたあらゆる資料を対比検討しながら原判決を熟読精査しても、なおこれを払拭されたということができないのである。

「裁判は人なり」と言われますが、すべての裁判官に、最初の上告審の垂水裁判官と同様の「虚心に事実を見抜く判断力」があったならば、「八海事件」裁判がこれほど長くこじれることはなかったし、多くの冤罪事件で被告が苦しむこともないでしょう。

第12話　裁判官の苦悩――袴田事件

前話は「裁判は人なり」で結びました。今回は、それを「袴田事件」で見てみます。

事件は最初、一審の静岡地裁が袴田巖被告に死刑を言い渡し、それが確定した後、以下のような複雑な経過をたどり、再び同地裁でのやり直し裁判が始まり、そこでようやく完全な無罪を勝ち取りました。

再審開始に検察抵抗

①一審・静岡地裁判決、有罪（死刑）（1968年9月11日）
②控訴審・東京高裁判決、控訴棄却（1976年）
③上告審・最高裁第二小法廷、上告棄却（1980年）
④第一次再審請求・静岡地裁、請求棄却（1994年）
⑤第一次再審請求・即時抗告・東京高裁、棄却（2004年）

⑥第一次再審請求・特別抗告・最高裁第二小法廷、棄却決定（2008年3月24日）
⑦第二次再審請求・静岡地裁、再審開始（死刑執行停止）決定（2014年3月27日）
⑧第二次再審請求・即時抗告・東京高裁、地裁の開始決定を取り消し、再審請求棄却（2018年6月11日）
⑨第二次再審請求・特別抗告・最高裁第三小法廷、高裁決定を取り消し、高裁に差し戻し（2020年12月22日）
⑩その差し戻し審理・東京高裁、再審開始決定（⑧の検察の即時抗告棄却）（2023年3月13日）
⑪検察が最高裁への特別抗告断念
⑫検察は静岡地裁の再審裁判で有罪（死刑求刑）を主張したが無罪判決（2024年9月26日）、検察の控訴断念で確定

日本における死刑囚のやり直し裁判は5件目で、過去の4件はすべて無罪となりました。それにもかかわらず、検察は、今回なぜ再審裁判と有罪にこだわったのでしょうか。再審開始を決定した静岡地裁⑦と東京高裁⑩が、「捜査当局による証拠の捏造」を示唆したことに、強く反発したのです。

一般に、判決に関与した裁判官の個々の判断が、すべて分かるわけではありません。多くの裁判は複数の裁判官が担当する合議制です。そして、関与した裁判官全員の判断が公開されるのは最高裁だけです。

最高裁では、通常、三つの「小法廷」をそれぞれ裁判官5人か4人で担当します（長官の所属する小法廷は4人）。そして、憲法判断や判例変更を対象とする場合は「大法廷」で、15人全員が関与します（係属事案に特別の利害関係がある裁判官を除き）。そのいずれも、関与した裁判官全員の判断が、多数意見、反対意見、補足意見などとして公開されます。

「袴田事件」の第二次再審請求について、その審理を東京高裁に差し戻した最高裁第三小法廷の決定（前記経過の⑨）は、裁判官の意見が3対2に割れ、多数決で決まりました。林景一、宇賀克也の両裁判官は、「高裁で再度、再審請求の審理をやり直す」ことなく、直ちに再審裁判を始めるよう主張しました。

裁判官2人の告白

通常、裁判官3人の合議による地裁と高裁の判決や決定では、「全員一致か、多数決か」「少数意見は誰か」などは公表されません。

「袴田事件」はそうした合議の秘密を、裁判官が次のように、自ら明らかにした稀有な刑事裁判です。

【告白、その1】

村山浩昭判事は静岡地裁に赴任直後、前任者から第二次再審請求の裁判長を引き継ぎ、「再審開始」「死刑執行停止」を決定しました（前記経過の⑦）。

その後、長くこじれた審理が最終的に東京高裁で再審開始と決定された日（2023年3月13日）に、次のように静岡地裁の合議内容を明かしました。

一緒に審理した裁判官2人とは「とにかく一生懸命やろう」としょっちゅう話していましたし、決定も熱い議論をした結果です。……（NHKウェブ「NHK事件記者取材note」）。

決定が3人の裁判官の意見一致によることを示唆しています。

【告白、その2】

最初の裁判は、静岡地裁が死刑の判決（前記経過の①）を言い渡しましたが、関与した熊本典道裁判官が判決直後に辞職しました。当時は何も語りませんでしたが、実は無罪の主張が合議で「2対1」で敗れたのでした。

約40年後、再審請求の審理が最高裁に移ったとき、以下の上申書を提出しました（2007年6月25日）。

「無罪の心証だったが、合議で他の裁判官を説得できず、死刑判決を書かざるを得なかった。こうした事情を理解し、再審開始をお願いしたい……」

真犯人捜査に時効の壁

冤罪事件で容疑をかけられた人が無罪になったとき、重大な問題が派生します。「では、真犯人の追及はどうなるのか？」です。

再審事件が社会の注目を浴びる契機となった「がんくつ王事件」（第7話参照）や、同事件に触発されて再審無罪を得た「加藤老事件」（181頁参照）や「梅田事件」（第3話参照）、そして原審で4被告が無罪となった「八海事件」（第11話参照）などでは、共犯が有罪になっていますから、裁判官も、そうした矛盾や葛藤を抱える必要はありません。

しかし、「松川事件」「財田川事件」「徳島ラジオ商殺し事件」「布川事件」「免田事件」や、静岡の一連事件（「二俣事件」「幸浦事件」「小島《おじま》事件」「島田事件」「袴田事件」）（巻末の冤罪事件一覧参照）などでは、真犯人の捜査は放棄されています。静岡の諸事件では、県警の怠慢が指摘されていますが、一般には「時効の壁」が再捜査を阻む一因になっています。

「免田事件」を例に見ると、再審無罪確定の時（１９８３年７月）は、事件（１９４８年12月）から34年余りたっていました。

殺人罪、強盗殺人罪など死刑に当たる罪では、公訴時効が２００４年以前は15年（２００５〜２０１０年は25年）でした。２０１０年４月27日の刑事訴訟法の改正（即日施行）によって、時効は廃止されました。しかし、改正法施行時点で時効が完成していれば処罰されないので、ほとんどの事件は時効にかかりました。

もっとも、古い事件で公訴提起（起訴）できなくても、事件を調べることはできるでしょう。

袴田事件で、証拠捏造を認めた静岡地裁の無罪判決（２０２４年９月26日）について、控訴を断念した検察は、畝本直美検事総長談話で「５点の衣類を捏造と断じたことには強い不満」「判決は理由中に多くの問題を含む到底承服できないもの」と批判し、「控訴すべき内容だ」と述べました。証拠の捏造を認めた地裁の判断に「証拠や根拠が示されていない」というのです。

違法捜査検証も検察の責務

しかし、そうした違法捜査の疑いが強い事件に関連した捜査の疑問や責任の追及も、本来、検察自体の職務のはずです。

検察庁法は、「（検察官は）公益の代表者として他の法令がその権限に属させた事務を行う（第４条）」「いかなる犯罪についても捜査をすることができる（第６条）」と規定し、検察庁は「警察などから送致を受けた事件、検察官に直接告訴・告発のあった事件及び検察官が認知した事件について捜査を行い、これを裁判所に起訴するかどうかを決めます」と公表（同庁ウェブサイト）しています。

冤罪事件で被告の無実が明らかになり、真犯人が分かった事件（「菅生《すごう》事件」「米谷《よねや》事件」「弘前大教授夫人殺害事件」など）以外では、捜査打ち切りによって、犯罪事件の真実が宙に浮いたままになり、遺族や被害者は救われません。

「袴田事件」（１９６６年６月）では、一審（１９６８年９月）の時、合議で熊本裁判官の無罪の主張が通り、袴田被告が無罪になっていたら、事件は時効になっていないため、静岡県警には捜査をやり直し、真犯人が見つかったかもしれません。

熊本元裁判官は、そうした悔いを長く引きずっていたのでしょう。事件から41年後（2007年6月30日）に事件現場を訪れ、また、命日でもある被害者のお墓に手を合わせました。

袴田事件から41年「釈放手助けしたい」
元裁判官 現場訪れる
被害者一家の墓前にも

2007年7月1日　読売新聞静岡版

第13話 証拠捏造と検察の固執

捜査機関の「捏造」認定した再審判決

前話で詳述した「袴田事件」は、1968年に静岡地裁で死刑が言い渡され、12年後の1980年に最高裁の決定で確定しました。そして、一審有罪から55年後の2023年に同地裁で再審裁判が始まり、2024年9月26日の無罪判決が、そのまま確定しました。検察の主張する有罪立証の証拠は、原審当時と同様です。新しい鑑定で弁護側と激しく争った検察は「疑わしきは被告人の利益に」という法理もまったく無視しました。

検察が、有罪を立証する、という物証は、再審請求の審理で静岡地裁と東京高裁から「捏造」の疑いが指摘されているのです。静岡地裁の再審開始決定（2014年3月27日）は、検察が反発する「ねつ造」の語を二十数回使い、次のように結んでいます。

5点の衣類という最も重要な証拠が捜査機関によってねつ造された疑いが相当程度あり、その他にも自白調書のほとんどが任意性を否定されたり、清水郵便局で発見された紙幣入りの封筒もねつ造の疑いを払拭できないなど、捜査機関の違法、不当な捜査が存在し、又は疑われる。

そして、国（捜査と司法）の責任を衝いています。

国家機関が無実の個人を陥れ、45年以上にわたり身体を拘束し続けたことになり、刑事司法の理念からは到底耐え難いことといわなければならない。

裁判長だった村山浩昭氏は、この審理を終えた後、熱心に「再審制度の改革」に取り組みました。その必要について、次のように述べています（「再審請求審の審理について」『刑事法ジャーナル』66号、成文堂、2020年）。

四大死刑冤罪事件といわれるものがある。免田事件、財田川事件、松山事件、島田事件である。いずれも死刑が確定した状態から再審によって無罪となった。極めて不当な捜査・取り調べが行われ、自白が強要されたという点で共通し、……再審を開始させた有力な証拠は、いずれも検察官未提出記録の中にあった。

再審無罪判決は約10万字に及び、物証と関係者の供述を詳細に分析し、「ねつ造」の語も60回繰り返されています。検事総長談話（第12話参照）のように「専門性のない科学者の一見解に依拠し」「5点の衣類が捜査機関のねつ造であると断定した上、検察官もそれを承知で関与していたことを示唆していますが、何ら具体的な証拠や根拠が示されていません」という批判は当たらないでしょう。

そして、國井恒志裁判長は、こう述べました。

「ここまで長い時間がかかったことは、裁判所として申し訳ないと思っています。これからも心身共に健やかにお過ごしください」

判決後の、検事総長談話には弁護団が強く抗議しましたが、「袴田事件」の再審裁判で検察が取るべき道は「有罪立証の蒸し返し」ではなかったし、無罪確定後は「警察や検察の反省・検証」でなければならないはずです。

最近の再審開始決定では「福井・中3殺害事件」（名古屋高裁金沢支部、2024年10

月23日）が注目されました。

山田耕司裁判長は、決定で「警察の利益誘導による証人の供述捏造」「被告に有利な証拠について、検察による意図的な隠蔽《いんぺい》」「証人の供述にはらむ危険性について、確定判決（原審の有罪）の等閑視」と、警察、検察、裁判所の三者を厳しく批判しました。

検察は異議申し立てを断念して、再審開始決定はそのまま確定し、再審裁判に移りました。

静岡県警で冤罪多発

袴田事件の再審開始決定や再審無罪判決では「捜査における証拠捏造」の指摘が注目されましたが、静岡県警はこれまで、「自白の強要」や「証拠の改ざん」などの強引な捜査手法で多くの冤罪事件を生みました。

「死刑事件の再審無罪」は、「袴田事件」の無罪確定で5件になり、うち2件（島田事件と袴田事件）が静岡県で起きた冤罪となります。「島田事件」の捜査への反省を、静岡地検は、「袴田事件」で生かそうとしなかったのです。

「島田事件」の再審開始を静岡地裁が決定したとき（1986年5月30日）、読売新聞の解説は、静岡県の「冤罪構造」を次のように鋭く衝いていました（翌31日朝刊、要旨）。

筆者の三島勇氏（現在はフリーの科学ジャーナリスト）は、当時、入社3年目の静岡支局記者でした。

なぜ静岡にえん罪多い？

静岡県では、島田事件の前、昭和20年代のわずかな間に、殺人事件だけでも、3件のえん罪事件があった。幸浦事件（昭和23年）、二俣事件（昭和25年）、小島事件（同年）。

いずれも別件で逮捕。自白を引き出して、犯人しか知り得ない犯行の事実を作りあげ、「真犯人」に仕立てている。科学捜査の軽視、自白偏重の旧刑事訴訟法時代の悪しき慣例だ。そして、昭和41年の「袴田事件」では死刑囚が、昭和30年の運送店主殺しの「丸正《まるしょう》事件」では受刑した2人が再審を請求した。最近でも、下田市の詐欺事件で逮捕さ

なぜ静岡にえん罪多い？
「島田事件」自白偏重への警鐘

1986年5月31日　読売新聞朝刊

れた会社員が服役後に真犯人を見つけ出して再審にこぎつけている。

【島田事件】
1954年、静岡県島田市で起きた6歳の幼女の誘拐殺人事件。赤堀政夫さん（当時25歳）が逮捕され、1960年、死刑が確定。1986年、四度目の再審請求が静岡地裁で認められ、1989年、再審裁判で同地裁が無罪判決、そのまま確定。赤堀さんは34年8カ月ぶりに釈放された。

赤堀さんは2024年2月22日に亡くなりました。
赤堀さんの逝去を聞いて、三島氏は次の文を私に送ってきました。問題の多い静岡で冤罪を取材した当時若かった記者の率直な感慨です。3000字の長文ですので、以下その要旨を紹介させていただきます。

赤堀さんが亡くなった。94歳だった。訃報を聞いて、長生きしてよかったと思った。それと同時に再審開始決定前から取材を続けていた「島田事件」「袴田事件」など静岡県の「冤罪」を振り返った。

赤堀さんは、1954年に逮捕されてから一貫して無実を訴え、第四次再審請求でようやく再審開始となり、1989年に無罪判決を受け、即日釈放された。身柄拘束は約35年にも及んだ。その後、支援者らの助けを得ながら愛知県で生活し、釈放されてからの期間も、身柄拘束と同じだった。冤罪が一人の人生に与えた影響の大きさに、改めて愕然《がくぜん》とした。

静岡支局に赴任し、1年間の警察（サツ）回りが終わった1985年から県警と司法を担当した。司法担当の取材対象として再審請求中の「島田事件」や「袴田事件」も含まれていた。

1986年5月30日の手帳には「午前10時、島田事件決定」と簡単なメモがある。取材・記事作成などで忙しかったのだろう。静岡地検は即時抗告したが、1987年3月、東京高裁が棄却し、再審が始まった。

赤堀さんは同年8月、宮城刑務所から静岡刑務所に移され、再審公判は同年10月19日から始まった。この3日後、私の長男が生まれたことも重なり、島田事件は深く記憶に残るものになった（長男は新聞記者となった）。

再審も長引いた。検察側は有罪を立証しようとした。1989年1月31日、午前10時から法廷が開かれ、赤堀さんに無罪が言い渡された。あまりにも当たり前の判決内容だった。犯罪の証明がなされていなかったのだ。怒りで手が震え、パソコンのキーがうまく打てない。

静岡県内には「冤罪」と指摘されている事件は少なくない。袴田事件も無理な自白と根拠の薄い証拠、しかも再捜査によって初めて見つかった証拠が原審有罪の立証・判断の決め手になっている。経験の少ない5年目の新聞記者が見ても、とても有罪にならないと思った。

無理な立証と判断で、本来無実の人に死刑を言い渡す。これほど罪深いことはない。静岡県内では、戦後も捜査機関が自白を強要した「二俣事件」「幸浦事件」「小島事件」は、いずれも下級審では有罪（前者二つは死刑、後者は無期懲役）だったが、上級審で差し戻され無罪となった。

袴田事件当時、警察回りの私は清水署にいたが、年配の刑事は、私の前で、「袴田は涙を流して自白した」と言った。この刑事は、香川県の財田川事件（1950年）で死刑判決を受けた谷口繁義さんが、1984年に34年ぶりに釈放されたとき、テレビで見ていて、「この目はやっているな」と平然と嘯《うそぶ》いた。別の事件では、容疑者が「別件で強引な取り調べを受けていた」と何人もの警察官から聞いた。冤罪の構造を引き継いでいる刑事がいるんだと、当時思った。

しかし、今現在、袴田事件でも、検察側は懲りずに有罪立証をしようとしている。このため、再審公判は長期化している。袴田さんはもう80歳代後半だ（筆者注＝２０２４年９月26日の無罪判決時は88歳）。

第14話 「構造冤罪」と「沖縄密約事件」

冤罪を生む発端は、捜査当局、すなわち多くの場合、警察の捜査段階における被疑者の誤認逮捕、自供誘導、証拠の隠滅・捏造などにあります。しかし、第1話の国家賠償請求訴訟で述べたように、冤罪の多くは広義の司法（警察、検察、裁判）の構造の中で増幅され、固定されます。

冤罪を生む構造

元毎日新聞記者のノンフィクション作家・前坂俊之さんは40年も前に、そうした実態を「構造冤罪」と規定して、次のように述べています（前坂俊之『冤罪と誤判』田畑書店、1982年）。

「構造汚職」という言葉がある。ロッキード事件などに象徴される疑獄事件は、その背景に、政界、官界、財界が一体となった根の深い構造的な癒着があり、そこから汚職は必然的に再生産されるというのである。

この言葉は、冤罪の原因を考える場合にもそっくりあてはまる。冤罪、誤判は、裁判における偶然の産物でもなければ、不注意によるものでもない。「自白中心」の戦前の刑事訴訟法が戦後改正になった頃の混乱期の産物であり、今では大幅に減っているという説も誤りである。

冤罪は現在も再生産されているし、われわれが見聞する以上に、もっと広範囲に存在する。冤罪の原因は警察の人権無視の捜査だけによるものではないし、裁判官が「疑わしきは罰せず」を守らぬ態度にのみ帰せられるものでもない。警察、検察、裁判の刑事裁判の全過程を貫く構造のなかに、冤罪を生み、誤判をチェックできず、再生産していく病根が抜き難くひそんでいる。まさしく「構造冤罪」なのである。

前話で触れた「福井・中3殺害事件」の再審開始決定（名古屋高裁金沢支部、2024年10月23日）で、山田耕司裁判長が警察・検察・裁判官の三者を厳しく〝叱責〟した通りです。

「梅田事件」公判の衝撃

既述と重複しますが、「構造冤罪」の観点から、改めて「梅田事件」と「滝（淳之助）事件」を追ってみます。新聞記者1年目の私は、梅田事件の高裁の法廷での殴り合いを目撃してショックを受けました。しかし、当時の新聞はページ数が少なかったにしても、その記事は扱いが小さいものです。そして、札幌における梅田事件の取材はこの目撃記事だけで、続報をした記憶はありません。

当時は、司法という構造が冤罪を生み、それを維持していくことに疑いを抱く記者はほとんどいませんでした。まして、メディアが自らの責任と取材で、隠された事実を発掘して報道するという「調査報道」は確立されていませんでした。現在のように、事件の深層、すなわち「警察の捜査」「検察の起訴と公判立証」「裁判官による訴訟指揮と判決」には疑いを抱かず、その経過を表面的に追うだけでした。まして、そこに伏在しているかもしれない捏造、拷問、誤判などの不正義を積極的に取材し報道するようになったのはずっと後でした。

梅田事件についての私の調査報道は、6年後、東京本社社会部の司法記者になったとき、始まりました。

警察に依存した報道

冤罪を生む構造の一端には、メディアも含まれていました。

梅田事件の控訴審を取材した当時、私は札幌総局在籍の事件記者でした。「はしがき」で触れたように、同局には3年前入社の先輩記者として丸山一郎さん（後の推理作家・佐野洋。2013年逝去）がおられ、「警察の言うことを全面的に信用してはいけない」と諭されました。

丸山さんの弟・丸山昇東京大学名誉教授は、学生のとき、メーデー事件（1952年5月、皇居前広場で起きたデモ隊と警察の衝突事件。第11話参照）で騒乱罪容疑に問われ、警視庁に逮捕された「冤罪被害者」だったのです。冤罪が晴れたのは、18年もたった1970年、東京地裁の一審判決で無罪が言い渡されたときです。

佐野洋さんはこれについては、生前、一切語りませんでしたが、推理小説の執筆だけでなく、布川事件をはじめ、多くの冤罪事件について調べたり書いたりしていました。「発表報道」やいわゆる「客観報道」に偏り、警察に癒着して、刑事の言うなりに書いてきた記者より、ずっと進んだジャーナリズムを体現していたのです。

被告のアリバイ、報道できず

私自身も「構造冤罪」にのみ込まれた一人、言い換えれば、遅れたジャーナリズムに安住していた記者でした。

第8話で取り上げた滝事件の取材では、残念な体験をしました。既述のように1947年に千葉県市川市で起きた強盗殺人事件の犯人とされた滝淳之助被告は、当時17歳で、札幌で左官職の修業中でした。

東京・上野署が1951年に滝を別件逮捕したときは成人になっていて、同署は取り調べで、多くの未解決事件を滝になすり付けました。市川の事件当時は未成年で、列車事情も劣悪だった時代に、札幌と千葉をトンボ返りしたという不自然なストーリーになります。そして、アリバイ崩しのため、「事件当時、東京の親類宅を訪ねた」ことにされました。

滝は21件の犯罪容疑で起訴され、鑑定、供述調書などを列記した簡単な判決ですべて有罪とされ、無期懲役が言い渡されました。市川事件当時は18歳未満だったため、かろうじて死刑を免れたのです。

滝は、服役中、冤罪の訴えを克明に書き続けた大学ノートを日弁連に送ってきました。司法記者だった私は、その裏付けを試み、滝のアリバイを否定したという親類に会いました。すると、「滝が上京して訪ねてきた日にちは記憶していないが、もちろん彼が成人してからですよ」と言うのです。

上野署とは、供述調書の内容について水掛け論になり、事件報道が警察依存だった当時では、記事にするのが困難でした。「アリバイ崩しの虚偽証言」は、第11話で触れた八海事件の証言捏造と同じです。しかし、両事件とも、捏造された「アリバイ崩し」は記事にはなりませんでした。

滝事件のアリバイについては、その当時、拙著で書きました――「上野署は、滝が初めて上京して訪問した東京の親類に問い合わせたとき、アリバイがはっきりしたのに、その親類の供述内容を曲げてしまった」（日野健『裁かれる日本の裁判――裁判はどこまで信頼できるか』エール出版社、1970年）。

しかし、その事実を新聞紙上で明らかにしたのはさらに遅く（第8話参照）、論説委員になった1975年の社説「法務・検察当局に求めたい人権感覚」によってでした。

「沖縄密約事件」――国家が仕組んだ構造冤罪

これまでは、刑事事件についての「構造冤罪」を取り上げ、冤罪を生む構造は、広義の司法機関（警察、検察、そして裁判）としてきました。しかし、これから述べる「沖縄密約事件」では、国が「国民の知る権利」「報道の自由」を無視して、「構造冤罪」の主体となったのです。言い換えれば、国民を守るべき国家機関が意図して国民を罪に陥れたのです。

この事件は「外務省機密漏洩事件」「西山記者事件」など、事件の局面の取り上げ方で、いろいろな呼び方がされています。訴訟としては、「国家公務員法違反事件」（刑事事件）と「情報公開請求事件」（民事事件）の二つです。その概略は以下の通りです。

①【刑事事件】

1972年3月27日、衆院予算委員会で、「沖縄返還に関する日米の密約」（沖縄返還に伴う原状回復補償費の日本負担）が追及され、日本社会党・横路孝弘議員が外務省の秘密電文（コピー）を提示した。それは、西山太吉毎日新聞記者が蓮見喜久子外務省事務官から入手し、人を介して横路議員に渡ったものだった。

同年4月4日、蓮見事務官が国家公務員法違反の機密漏洩容疑で、西山記者が同教唆容疑で、共に警視庁に逮捕された。

西山記者は、一審判決（東京地裁、1974年1月）では「正当な取材行為」と認められて無罪。しかし、二審判決（東京高裁、1976年7月）と上告審決定（最高裁第一小法廷、1978年5月31日）は、「取材対象者の人格を著しく蹂躙《じゅうりん》した取材行為は、正当な取材活動の範囲を逸脱するもの」と判断して有罪とし、懲役4月、執行猶予1年が確定した。蓮見被告は一審の有罪判決（懲役6月、執行猶予1年）で確定。

密約の存在は、その後、米国立公文書館の公開や外務省の有識者委員会などの調査で事実と認められた。明らかに、その密約は、「国民が知るべき重大な事実」であり、被疑事実の違法性は阻却されるはず。

②【民事事件】

西山氏は、有罪確定から30年後の2008年9月、情報公開法に基づいて、沖縄返還に関連する7点の文書の開示を求めて提訴した。一審（東京地裁、2010年4月9日）は、密約の存在を認め、さらに「関連文書が見つからない」という国の主張を否定し、文書の「開示」と原告への「賠償」を命じた。

しかし、控訴審判決（東京高裁）と最高裁決定（第二小法廷、2014年7月14日）は、「外務省による『文書不開示の決定』時点で、文書を国が保有していたとは推認できない」として、開示請求を棄却した。

この事件発生から半世紀以上たった2024年5月11日、NHKのETV特集「汚名沖縄密約事件　ある家族の50年」が放映されました。西山氏は前記①の最高裁決定から30年後に、新たな裁判②を提訴し、ジャーナリストとしても復活しました。そうした彼の再起を支えたのが啓子《ひろこ》夫人で、テレビは、夫の汚名をそそいだ我慢強い彼女の生き方を描いていました。

放映の直後、事件を知る法律家から私に、次のような感想が送られてきました。

沖縄密約事件は佐藤内閣、外務省が仕組み、検察が使われ、裁判所も高裁と最高裁がそれに乗っかった、という構図です。そして、今も沖縄を苦しめています。この密約の存在がアメリカの情報公開で明らかになった後もシラを切り続けた外務省には怒りを禁じ得ません。

西山さん夫妻は50年余りの間それぞれに苦しまれ、西山さんがその苦しみを経てジャーナリストとして復活されたのはとてもうれしいことでした。山崎豊子さんの小説「運命の人」を想起します。

西山さんは、啓子夫人が亡くなられた後、急速に体調を落とし、2年後の昨年（2023年）、夫人と同じ2月に亡くなられました。本当に残念に思います。

まさに、この密約事件は、国家権力ぐるみの「構造冤罪」と言うべきでしょう。「機密文書」は本来ならば国家公務員法の規定で秘匿すべき機密資料ではありませんから、西山記者の「密約文書入手行為」自体の違法性は阻却され、彼の取材活動は訴追の対象にすべきではなく、「冤罪」だったと言えます。

最高裁長官、NYタイムズ事件に関心

「沖縄密約事件」の上告棄却（前記①1978年5月）で西山太吉記者の有罪が確定した約1年後の1979年4月、最高裁長官に服部高顕裁判官が就任しました。

司法担当の論説委員だった私は、新長官を訪ね、歓談しました。「司法と報道」に触れたとき、長官は「裁判官も記者もニューヨーク・タイムズをよく読んでほしいですね」と、残念そうに言いました。「ニューヨーク・タイムズ対サリバン事件の連邦最高裁判決」を指したのです。長官は下級審裁判官時代にアメリカに留学しましたし、英米法に通暁していました。退官後にはアメリカの大学で講義をしています。

この連邦裁判決はアメリカにおける「報道の自由」確立の金字塔です。沖縄密約事件の弁護人の上告趣意は、この連邦裁判決を詳しく引用しました。しかし、第一小法廷決定は

「報道の自由は、憲法21条が保障する表現の自由のうちでも特に重要なものであり、……十分尊重に値するものといわなければならない」と判示しましたが（『あとがき』に代えて」参照）、連邦裁判決には触れず、記者の有罪を確定させました。

同事件が第一小法廷で審理された当時、服部長官は、第三小法廷に属する裁判官でした。そして、事件は小法廷から大法廷に回付されることもなかったので、服部長官は、審理に関与できませんでした。もし、この事件が第三小法廷に係属していたら、まったく違った判決、「原審差し戻し」あるいは「破棄自判・無罪」になっていたかもしれません。

【ニューヨーク・タイムズ対サリバン事件】

アメリカでは、「表現の自由」が他の人権と比較衡量された場合、その優越的地位を保障されている。特に、1964年の同事件（名誉棄損訴訟）の連邦最高裁判決で確固たる基盤を得た。その判決は「誤った意見は、自由な論説に不可避であるだけでなく、守られさえしなければならない。表現の自由が生き残るためには息づくゆとりを必要とするからだ」として、表現の自由の許容範囲を大幅に拡大した。

第15話　冤罪とメディアの責任

客観報道と調査報道

発表や出来事を伝える「客観報道」は、「表面的な事実」（fact）を伝えても、「客観的に正しい真実」（truth）を明らかにするとは限りません。

従来、ニュースは、「○○によれば」とか「関係者によれば」などと、外部のソース（取材源）から提供されたものが主流でした。そうしたニュースの内容、つまり事実（fact）は、真実（truth）とは別物です。そして、官公庁、企業、団体など、何らかの公的な取材源に寄り掛かれば、誤報や大げさなニュースも無責任に報道されてきたのです。

今では、「○○新聞の調査によれば……」などと、メディア自体が「真実」を追求して報道する「調査報道」が増えました。「フェイクニュース」が氾濫しているアメリカでは「ファクトチェック」報道が定着しています。しかし、つい最近までは、虚報が跋扈《ばっこ》し、事実が埋もれてしまったケースが少なくありませんでした。

第11話で私は、「八海事件」で捏造された「アリバイ崩し」の重要証言を記事にしなかったことを後悔していると書きました。

第14話では、「滝事件」の取材で、警察による「アリバイ証言の隠蔽」を報道しなかった古傷について触れました。

「捜査の神様」の真実

第13話では、「なぜ静岡に冤罪多い？」という問題を取り上げましたが、実はその背景には、「落としの刑事」といわれた紅林麻雄刑事による多くの強引な捜査とその追随、伝播があったのです。そして、そうした捜査の内部事情はメディアで報道されませんでした。

警視庁では「仏の刑事」「捜査の神様」などと称賛された平塚八兵衛《はちべえ》刑事（退職時・警視）が有名でしたが、やはり捜査手法には問題があり、それはメディアによって秘匿されていました。「吉展ちゃん誘拐殺人事件」（１９６３年）では、「丹念な取り調べで被疑者小原保の自供を引き出した」と言われていましたが、その三十数年後に、当時の取材記者によって、こんな事実が明らかにされています（日本記者クラブ会報「とっておきの話⑷」１９９９年掲載の佃有著「吉展ちゃん事件　平塚刑事の執念」から）。

「ノラリクラリの奴（小原）に、オレ（平塚刑事）はついに業を煮やして、やっちゃったんだ」

「『やっちゃった』は、暴力を振るったことだ……口八丁手八丁の日本一の名刑事……平塚さんの執念はその土壇場で、一か八か首を賭けたような手荒な行為をしてしまったのだ」

その数年後、平塚刑事は「三億円事件」の捜査で典型的な誤認逮捕を起こしています。事件は1968年12月10日、東京都府中市で起きた現金輸送車襲撃事件です。その1年後の1969年12月12日、毎日新聞が朝刊社会面トップで「重要参考人 府中市の元運転手（匿名）」とスクープしました。平塚刑事のリークに拠《よ》ったのです。

犯人視報道などメディアの責任

他紙は夕刊で毎日新聞の報道を追い、さらに翌日朝刊では各紙そろって「別件逮捕」を一面トップで報道しました。実名、写真入りです。

結局、容疑者はアリバイが証明されて釈放されましたが、心を病んで、後年、自殺しました。

もし、メディアがこうした強引な取り調べ（あるいは誘導など）の実態を知って報道し、捜査や警察への癒着・盲従・迎合もなかったら、この事件をはじめ、いくつもの冤罪が防げたでしょう。

メディアのもう一つの重要な責任は、そうした捜査当局への追随による事件報道の扱い方でしょう。瀬戸内寂聴さんは、第10話で紹介した著書『恐怖の裁判――徳島ラジオ商殺し事件』で、メディアの曲解、あるいは脚色による「センセーショナリズム」について、こう書いていました。

渡辺氏（筆者注＝当初から冨士茂子さんの雪冤に尽力していた甥の渡辺倍夫《ますお》さん）から私は事件の資料や、当時の新聞の切り抜きなどもみんな見せてもらった。それらの新聞を見て愕《おどろ》いたことは、どの記事も、まだ裁判中の茂子を犯人呼ばわりして、見るからに意地悪そうな憎々しい写真をかかげ、法廷での茂子の言動や、表情を、鬼のような顔とか、ヒステリックな哄笑とかいう表現で書いていることだった。ジャーナリズムそのものが、既に茂子を犯人めかしく報道している。これを読む一般の庶民は、茂子をどんな毒婦奸婦と信じこむことかとぞっとした。公正であるべき報道陣のこれらの筆勢の責任は誰がとるのだろうか。

この本で触れているのは、主に１９５０年代のメディアの実体でしょう。遅くも１９７０年代には、すでに多くのメディアは、事実と人権を重視する報道へと大きく変貌していました。その頃、私は、瀬戸内さんを読売新聞社の編集局に招いて、再審請求の結果を待ち、その場で率直なエッセーを書いていただきました。

今でも、メディアが、冤罪や誤報を生む社会構造にのみ込まれる危険にさらされていることに変わりはないでしょう。ジャーナリストはその事実を真剣に直視したいものです。

増えた冤罪追及報道

一方、メディアが、１９６０～70年代に、裁判の報道について大きな変化を見せたことも事実です。

私が東京・霞が関の裁判所内の司法記者クラブ詰めの「司法記者」になったのは、安保闘争（１９６０年）などで社会が騒然としていた頃、１９６２年5月でした。その頃は、発生事件は大きく報道されても、その後の裁判記事は軽視されていました。私が社会部長に「事件の事実を明らかにする裁判記事を社会面や一面のトップを占めるようにしたい」と抱負を述べたら、部長は「そんな時代が来るかね？」と笑いました。

ところが、そのすぐ後、「八海事件」で、広島高裁の差し戻し審での無罪判決を最高裁が破棄して、同高裁へ「再差し戻し」したとき、その記事が5月19日夕刊の一面（左の紙面）と社会面のトップを占めました。

その後、3回目の最高裁判決で死刑を含む4人の有罪が破棄され、最終的に無罪が確定したのは第11話に記載の通りです。以来、有罪、無罪を巡る多くの裁判記事が、大きく報道されるようになりました。

その年の10月には、相次いで「梅田事件」の再審請求や「がんくつ王・吉田石松老」の再審開始決定が大きく報道されました。その6年前、

八海事件再び差し戻し
重大な事実誤認
最高裁、原判決を破棄
五人の共犯が濃厚
明快に"多数犯"と結論
"無罪のジンクス"を破る

1962年5月19日　読売新聞夕刊

法廷で殴り合いが起きた梅田事件の札幌高裁控訴審判決は、見出しが1段の小さな記事でしたが（第3話参照）。

1962年9月の報道「娘守った三人殺傷に執行猶予」の記事も社会面5段抜きの大扱いです（下の記事）。事件は、前年の10月に東京・池袋で起きました。中学2年生の娘が酔っ払いグループに追い掛けられ、娘を守ろうとして殴られた父親がナイフで3人に切りつけ、1人が死亡しました。

父親は傷害致死傷容疑で逮捕・起訴され、一審判決は懲役3年の実刑でした。

判決後、保釈された父親に事情を聞くと、「弁護人は『知人』と名乗ってきた弁護士で、裁判では『温情ある判決を』と言うだけ」「弁護費用がかかり、このまま服役したい」と言うのでした。私はこの事件は冤罪、あるいはそれに

娘守った三人殺傷に執行猶予

過剰防衛認める

東京高裁　実刑の一審判決破棄

1962年9月19日　読売新聞夕刊

近い不幸な過失事件だと思いましたので、「弁護士を代えて控訴し、正当防衛を主張したらどうか」と提案しました。その結果、父親は弁護士を代えて控訴しました。残念ながら「正当防衛」は認められませんでしたが、「過剰防衛」が適用され、執行猶予となりました。

私は、「法による正義の実現」に期待しました。そして、その結果を、司法記者、一ジャーナリストとして社会に伝えたのです。

第Ⅱ部

ジャーナリスト、「冤罪」加担者にも被害者にも

第16話

「イルカ虐殺――世界の恥」の真相

最近は、フェイク（捏造）ニュースや陰謀論、あるいはSNSで扇動的な言動を広める「Qアノン」などが跋扈して民主主義の弱体化まで懸念されています。こういう時代だからこそ「正確（Accuracy）」「公正（Fairness）」「品位（Decency）」に裏付けられたメディアの正しいニュース報道が期待されます。

その貴重な教訓として、「イルカ虐殺――世界の恥」として、世界を駆け巡った誤報の顚《てん》末を以下に紹介します。先ず、次頁の上下二つの紙面をご覧ください。

上の記事は2024年になってからの記事です。今では、イルカを含めたクジラの迷走や漂着は、世界中で冷静に受け止められています。ところが下は、三十余年前、1990年11月のイギリス各紙の報道です。かつてはこのように事実とかけ離れた無責任なフェイク報道が世界を駆け巡っていたのです。

事件は１９９０年11月３日、長崎県五島列島福江島の三井楽《みいらく》湾で起き、５８２頭のイルカが浜に上がって死んだことが発端です。

イギリスの新聞は次のように「友好生物を虐殺」「世界の恥」などと一方的に表現し、国際的な波紋を広げました。

▼トゥデイ
見出し「全世界の恥」
記事「かつてない恥ずべき大虐殺によって、６００頭の友好生物が海岸に追い込まれ、

クジラ漂着 米で急増
東海岸死骸 昨年78頭
温暖化 生息域が近く

2024年2月15日　読売新聞夕刊

「イルカ虐殺」と派手に日本批判報道をしたイギリスの新聞

切り裂かれ、撲殺された。殺し屋たちはクレーンやトラクターで、日本の島の防波堤に死体の巨大な山を築き上げた」「日本ではイルカの肉は儲けのいいビッグ・ビジネスだ」

▼デーリー・エクスプレス

写真説明「墓場――浜辺で群衆が、捕獲され乱打された哀れなイルカを調べている」記事「ここ残虐の海で、600頭のイルカがもだえ死んだ」「非人道的な血に飢えた日本人は、食うための殺りくだと主張してイルカを滅ぼした」

▼デーリー・スター

「優しい哺乳類は、血に飢えた湾で生きたまま解体された」「イルカはジャップにとっては好物で、世界中の抗議にもかかわらず、彼らはその心臓を食べ、その背びれを精力剤に使う」

▼ザ・タイムズ

「東京はまた野生動物保護団体を怒らせた」「地元警察によると、漁民は3000頭のイルカを浜に追い込んだ。目撃者によると、少なくとも580頭のイルカが浜に追い上げられ、打ち殺された。住民はビーフやポークを食べる余裕がないのでイルカを食べるという」

実は、これらの新聞は、イギリス各紙が直接取材したのではなく、日本の一部メディアの報道を基にしていたのです。例えば、

▼11月4日、ある新聞の朝刊

本文書き出し「イルカの大群が押し寄せ、三井楽町漁協の漁船が出て約600頭を砂浜に追い込んだ。同漁協はこれらのイルカを捕獲、食用にするため一部をその場で解体した」。そして「暴れないよう頭をこん棒で殴って……」

英字紙では、

▼ジャパン・タイムズ（11月4日）

見出し「約600頭のイルカ、浜に追い込まれ虐殺される」

本文「警察広報官によると……地元漁民が漁船を出し、数百頭のイルカを浜に追い上げた」「目撃者によると、少なくとも580頭のイルカが岸に上げられ、こん棒でたたき殺された」

日本国内の新聞は「迷走」と「追い込み」との両方に割れていました。例えば、

▼朝日新聞（11月4日朝刊）

「イルカ583頭死の上陸　魚追って？」

▼毎日新聞（同）

「迷走イルカ500頭『受難』漁船に追われ浜辺に突進」

▼一方、読売新聞（同）は見出しが「イルカ集団自殺!?」で、本文では「イルカは、海岸線約1キロにわたり次々と押し寄せ、漁協組合員が船で沖に追い出そうとしたが駄目だった」と報じていました。系列の英字紙デーリー・ヨミウリ（同）は、「イルカが九州の海岸に迷い込む」という見出しで、読売新聞の記事を翻訳して載せました。

どの報道が正確だったのでしょう。

ところが、デーリー・ヨミウリには「他の英字紙の報道と随分違う」という抗議が送られてきました。

「私は、貴紙を直ちに止めます。今回のイルカ報道は貴紙の無能力ぶりを証明しました。アメリカの新聞社の友人にコピーを送ったら、笑われること請け合いです」（東京のＪ・Ｈ・Ｒさん）

このためデーリー・ヨミウリの編集長から私に「真実を突き止めてくれないか」との依頼が来ました。当時、私は読売新聞の社内オンブズマン（職名は新聞監査委員）で、同時にデーリー・ヨミウリにコラム「Ombudsman」を連載していました。すぐに福江島の現地に飛びました。そして、次のような「事実」を把握しました。

地元関係者の証言

7～9世紀にかけ、遣唐使たちが最後に寄港して順風を待った「美弥良久《みみらく》」が、現在の五島列島福江島三井楽町で、この島は、鎖国時代には多くの隠れキリシタンをかくまったのです。そうした国際的な歴史を持つ三井楽町が、世界からイルカ虐殺の汚名を浴び、住民は歯ぎしりしていました。イルカと漁民の実際の動きは次のようだったのです。

▼イルカ湾内に

「11月2日午後6時半、警察からの情報で、200頭ぐらいのイルカが三井楽湾に入っ

たと知った。漁協組合長に電話で聞くと、まだ知らなかった」（西日本新聞社福江通信部・藤昭夫さん）

「外出していたので、イルカのことは藤記者からの電話で初めて知った。すぐ港に行き漁民に聞くと『夕方、2000～3000頭のイルカが湾の入り口の定置網の外にいて、その一部が湾内に入った』という。そして、夜中、満潮とともに大群がどっと湾の一番奥の白良ヶ浜に一直線に突っ込んで来た」（三井楽町漁協組合長・白浜栄一郎さん）

▼追い込んだ？　迷い込んだ？

「夜半、一部の漁民が湾の入り口に200メートルほど網を入れたと聞き、国際的な非難を浴びないよう、人を集めて網を切った。朝、干潮になると何百頭が浜に腹をこすって砂を巻き上げていた。皆で湾外へ出そうとしたが、すぐ戻って来た」（同組合長）

「イルカが入ったという情報は受けたが、見ていないし、マスコミで報じられたようなことを警察は話していない」（福江警察署・松尾健次長）

「私も詳しいことは、どこの記者にも、直接、あるいは電話で話していない」（三井楽派出所・山口勝所長）

▼こん棒で撲殺したか？

「現地に確認の電話を入れて、本紙のような記事になった」（ジャパン・タイムズ報道部次長）

「イルカの体の両端を縛ってクレーンで上げるとき、まだ生きていて暴れたのを、たたいた者がいた。それを注意はした。私の知っているのは、その1件だけだ」（組合長）

「空から撮影したとき、棒でたたいているようなところは見た」（読売新聞西部本社写真部記者）

▼どう処理されたか

「整理するのは大変で、欲しい人には持っていってもらって助かった。５日間で、延べ人１００人、トラック20台、クレーン４、５台、船20隻など２００万円ほど費用がかかった」（組合長）

「一部不心得なものが浜で解体した。ほとんどは、昔からのイルカ組合が分けた。浜には90頭分ぐらい埋めた」（漁協参事・鎌倉靖彦さん）

「いつも食べるわけではない。町に帰って来てから10年になるが、その間イルカの配分は、今度が初めてだった」（主婦・高木和子さん）

「3日の朝、署員3人を三井楽に派遣し、海を汚さないように注意した。4、5日にも派遣し、監視したが、報道のような事実（撲殺）は知らないし、そうした取材もされていない」（福江海上保安署長・村田武夫さん）

結局、現地取材では、次のような事実が裏付けられました。

〈1〉イルカは何らかの原因（寄生虫説もその一つ）で狭い湾の入り口から湾内に入り込んだ。

〈2〉イルカを追う形でたまたま入港した漁船はあったが、計画的な追い込み漁やこん棒による撲殺はなかった。

〈3〉漁民が一時網を入れたが、漁協はこれを切り落とし、イルカを助けようとした。

〈4〉戦前に生まれた人たちが、食用とした。

それをもとに、読売新聞は11月24日夕刊で、またデーリー・ヨミウリは同29日に、それぞれ「イルカ迷走」の詳細な事実を報告しました。今で言えば、フェイクニュースのファクトチェックです。

「イルカ虐殺」誤報の教訓

誤報というフェイクを報道したメディアの取材の動きは次のようでした。

東京の記者とは、電話で二、三、話をしただけだった。外国の特派員は2週間後に直接取材に来た。ＢＢＣからは電話があったが、すぐに「分かった」と言ってくれた。現地を見れば、追い込み漁などできないことはすぐ分かってくれるのに……。（組合長）

取材相手は「できるだけ現場に近いところ」という原則を守った。第一報を修正した事実はない。続報で事件に対するさまざまな見方を報道した。イギリスの特派員が「お宅の記事を利用したので派手になった」と言った事実はある。（ジャパン・タイムズ報道部次長）

東京からの遠距離電話取材が現地取材より間違いやすいのは事実でしょう。しかし、現地取材の記者にも、「思い込み」の落とし穴がありました。マイクに向かって、昔の経験を今回の事実のように語った老人も少なくなかったのです。

また、「写真は事実を語る」と書いたコラムもありましたが、写した対象は「事実」でも、その一部分を拡大して「真実」を誤り伝える危険がある——それが証明されました。

特に、イギリスのメディアは、遠い日本の一部メディアの報道を、「予断」と「偏見」で拡大変身させ、客観的事実と主観的コメントを混同させました。その報道手法は、報道が守るべきモラルである「正確」「公正」「品位」をはなはだしく欠いたものとなったと言えるでしょう。三井楽湾のイルカ事件は、「真実の報道とは何か」について、多くの教訓を残しました。

第17話

「謀略電話事件」、証拠偽造で記者を告発

本話では、「記者が証拠を偽造した」として、容疑者から告発されたケースを取り上げます。

事件は、1976年に起きた戦後最大の汚職事件といわれる「ロッキード事件」に付随して、首相に「指揮権発動」をそそのかした巧妙な「謀略電話事件」です。謀略を実行したのは現職裁判官でした。

ロッキード事件は、読売新聞選定の「1976年十大ニュース」のトップを占め、派生して起きたこの「謀略電話事件」が6位でした。まず、これらの事件の概略を記します。

【ロッキード事件】

1976年2月、米国上院の公聴会で、ロッキード社が日本、オランダなどの有力者に、多額の工作資金をばらまいたことが暴露された。日本では、航空機売り込みのため、児玉

誉士夫を代理人にして、現職の首相だった田中角栄ら日本の政財界有力者が賄賂を受け取った――などとして、2月末、東京地検、警視庁、東京国税局が三庁合同による強制捜査に踏み切った。判明した工作資金は約37億円だった。

【田中前首相逮捕】

東京地検特捜部は、7月27日、田中角栄前首相を、丸紅から受けた5億円の外為法違反容疑で逮捕、8月16日、受託収賄、外為法違反で起訴した。

【謀略電話事件】

京都地裁の現職裁判官・鬼頭史郎判事補が布施健・最高検検事総長を装って、8月4日夜、三木武夫首相に電話をし、ロッキード事件に関し架空の捜査方針を伝え、「指揮権発動」の言質を引き出そうとした。また、以前に、網走刑務所から日本共産党宮本顕治委員長の身分帳（刑事事件記録）を違法に入手したことも明らかになった。

（いずれも読売新聞の「十大ニュースの説明」による）

同判事補は翌1977年3月、国会の弾劾裁判所で罷免判決を受け、法曹資格を失いました。また、東京地検は「謀略電話」では「軽犯罪法違反（官名詐称）」で起訴し、1978年6月、渋谷簡裁で拘留29日の有罪判決を受けました。「宮本身分帳事件」では職権乱用罪に問われ、1983年2月、差し戻し審の東京地裁で、懲役10月、執行猶予2年の有罪判決を受け、それぞれ最高裁の決定で確定しました。後年、法曹資格は回復しましたが、弁護士会への入会を断られ、弁護士になれませんでした。

私が主に関わったのは、この「謀略電話事件」(「ニセ電話事件」ともいいます)です。鬼頭と交流のあった私に、彼は三木首相に謀略電話をかけた翌日、「首相の違法な指揮権発動を録音したテープを入手した」として、そのテープの提供を申し出ました。私は数日後、鬼頭と会い、そのテープを聞いてひそかに録音しました。首相は本物で、検事総長は鬼頭自身の偽装と推認されました。

電話は、田中前首相を救い、三木首相の失脚を狙った政治的謀略でしたが、報道は〝社内事情〟から2カ月以上も伏せられました。そして、10月21日の夜、「明日の国会で『新

讀賣新聞
THE YOMIURI SHIMBUN
10月22日 金曜日
裁判官が首相に謀略電話
ロ事件　検事総長の名かたる
架空の捜査報告
「中曽根氏逮捕どうする?」
録音テープを持つ

1976年10月22日　読売新聞朝刊一面

聞社が政治謀略を隠蔽している』と追及される」という情報がもたらされ、急きょ、22日の朝刊一面トップで報道されました。危うく「事実隠蔽」の非難を免れたのです。

記事掲載の翌日、次の社説を掲載しました。

社説【謀略電話とその背後の徹底究明を】（要旨）

京都地裁の現職裁判官、鬼頭史郎判事補が、ロッキード事件捜査のさなかの8月はじめ、検事総長をかたって、三木首相に電話をかけたという奇怪な事実が、読売新聞社の調べで分かった。だれもが耳を疑う、信じ難い事件である。動機、背景など、はっきりしない部分も多い。また、これまでうわさが流れていたが、その真偽について、政府や捜査当局が確認を怠っていたことにも疑問が残る。

しかし、22日、早速国会で、この謀略電話問題が取り上げられ、法務省、最高裁も直ちに事実調査に乗り出した。遅きに失したとはいえ、立法、司法、行政の各機関が挙げて、事件の全容を徹底的に解明するように要望する。

解明すべき第一点は動機である。しつように「指揮権発動」の言質をとろうとするやりとりや、当時の情勢からみれば、「田中隠し」「三木おろし」をはかった工作と考

えてよいだろう。（1976年10月23日）

〝報道封印〟の社内事情

前に触れた「〝社内事情〟から2カ月以上も伏せられた」というこの社内事情は何だったのでしょう。詳細は次の通りです。

鬼頭判事補に会って謀略テープを録音した翌日（8月10日）、読売新聞はこの謀略事件の報道方針を決めるため、編集局幹部による緊急会議を開きました。論説委員の私は参加しませんでしたが、ここで予想外の事態が起きたのです。

会議後、社会部長は「報道は駄目になった」と言って、次のように説明しました。

会議中、政治部長がいきなり三木首相に電話をかけた。そして、「三木首相は、この電話を否定したんだ。だから、記事にはならんよ」と言うので、報道は断念することになった。でも政治部長は「首相の応答からすると、ニセ電話は本当にあったんだ」と笑っていた。

当時政治部長だった渡辺恒雄氏の『君命も受けざる所あり——私の履歴書』（日本経済新聞出版社、２００７年）にも渡辺氏が三木首相に電話し否定されたが、テープの声は首相の声に間違いなかったとの記載があります。

こうした「報道自主規制」という苦渋の選択を強いられた後、事態を急変させたのが、2カ月後の国会での動きでした。10月21日夜、社会部の一記者から「明日、参院ロッキード特別委員会で、読売が重大なニュースを隠している、と追及される」という情報がもたらされました。もしその情報がなく、また、同夜のうちにこの事件についての執筆と掲載の対応が取れなかったら、読売新聞の信頼性が完全に失われるところでした。

この情報を受けて、編集局は即刻、報道体制を整え、謀略事件特別チームをつくりました。そして、直ちに記事を執筆し、10月22日朝刊の一面と社会面のトップで、この事件を報道しました。こうして、鮮やかなスクープの形になりましたが、実のところは、危機一髪、国会や社会の非難を免れたのです。

その日から、国会、検察庁、最高裁はこの事件の対応に引きずり回されました。また、しばらくは読売の独占的な続報が続き、「ニセ電話の内容」「鬼頭の告白」などの重要な情報を、各紙は「読売の報道によれば……」という異例のスタイルで報道せざるを得ませんでした。

「事実は一切隠さない」、報道方針

しかし、読売は有頂天になれませんでした。国会、検察庁、最高裁との対応に追われるとともに、何よりも読者や他のメディアから投げ掛けられる疑問や批判に的確に応えられる社内体制づくりを急がされました。

取材チームのキャップには、編集局次長が就き、原四郎編集主幹は、報道の内容について自由な執筆を保証しました。遅ればせながら、謀略電話事件に関して「事実は一切隠すことなく真実を伝える」という基本原則が設定されました。

公判の最中、私は鬼頭被告から東京地検に「証拠の偽造」（証拠隠滅罪）容疑で告発されたのです。冤罪ですが、この告発が却下されるまでは面倒な経過をたどりました。

この事件の報道に踏み切った後、読売新聞は前述のように、原四郎編集主幹の方針もあって、把握した事実は包み隠さず報道していました。一方、事件報道直後、東京地検から証拠として録音テープの提出を求められましたが、「取材と報道の自由を守るため、報道で得た資料や情報は報道目的以外には利用されない」という報道倫理から、読売新聞社はその提出と記者（私）の任意出頭を拒否しました。

録音テープの主要な内容は本紙の紙面で公開し、また、その内容のすべてを「週刊読売」誌で公表しましたが、テープは裁判所の提出命令によって、東京地検に押収されました。記者の任意出頭は拒否し続けていました。

ところが、鬼頭被告は「テープは偽物で、本物は隠匿されている」と取材記者の私を証拠隠滅容疑で告発しました。テープは保管の安全を期して数本のカセット・テープに再録音されていました。それらのカセットのロット（製造番号）は調べましたが、手違いで、証拠提出されたカセットは、最初にひそかに録音した物ではなかったのです。提出したテープの製造出荷が新しいもので、そこを衝かれ、「証拠は偽物」として告発されたのです。私は刑事事件の容疑で告発された被疑者であり、証拠物の提出と出頭を拒否するのは至難でした。読売新聞社は、最初に録音したテープを確認して、それを提出し、その後、私が同地検特捜部に出頭しました。

これは、余談で、数年後のことですが、知人のワシントン・ポスト紙のロレッタ・トファニ記者が「拘置所のレイプ」で１９８３年のピュリツァー賞を受賞したとき、米検察から証人としての出頭召喚状が出されました。彼女はたまたま東京に滞在していましたが、その後も数カ月帰国せず、召喚に応じませんでした。結局、検察との合意で、帰国して法廷に出頭し、「取材内容」については一切証言せず、「報道は真実」という主張を証言しました。奇遇ですが、よく似た経過です。

その後、アメリカのほとんどの州で「取材源の秘匿」が法的に保護されるようになりました。

さて、取材時の録音テープを改めて東京地検に提出し、新旧両方の録音内容を比較して、まったく同一と証明されました。そして、「偽造の事実と、偽造証拠提出の意図はなかった」として、私は不起訴になりました。もし、1カ所でも録音の内容が違っていたら、危うく懲役か罰金を科されたかもしれません。

刑法　第104条【証拠隠滅等】

他人の刑事事件に関する証拠を隠滅し、偽造し、若しくは変造し、又は偽造若しくは変造の証拠を使用した者は、3年以下の懲役又は30万円以下の罰金に処する。

第18話

「取材源」の秘匿と公開

ジャーナリストが「取材源」を秘すると、時には、読者、視聴者から「事実を隠蔽している」と疑われます。一方、「取材源」を公表すると、取材相手から抗議が来ることも少なくありません。「取材源」の公開・非公開の選択やそのやり方は、記者やメディアにとって、報道倫理が絡んだ難しい問題です。今回はその難題の犠牲になりかけた事例と、その解決に当たってての苦労話です。

刑事との「書かない」約束

第I部第15話では、「捜査の神様」と称賛された警視庁の平塚八兵衛刑事が、「吉展ちゃん誘拐殺人事件」で容疑者・小原保に暴力を振るったこと。そして、その告白を記者がどう扱ったか、という秘話に触れました。そして、「こうした強引な取り調べの実態を知って報道したら……いくつもの冤罪が防げたでしょう」と書きました。

しかし、どうして記者は書かなかったのでしょう。それは「取材源の秘匿」という厳しい報道倫理に縛られていたためです。記者は、回顧して、こう書いています（日本記者クラブ会報「とっておきの話(4)」１９９９年の中の「吉展ちゃん事件　平塚刑事の執念」から）。

「私は……『どうして』（容疑者の小原が自供したのか）を連発した。根負けした彼（平塚刑事）は、『絶対に書くなよ』と厳しい目で念を押した」

「取り調べでの暴力は、許されることではない。だが私は書かなかった。約束もあるが。……」

「刑事と警察担当記者との親密な関係」から書きにくかったとともに、「真実を書く責任」と「取材源の秘匿」という報道倫理の二律背反に悩んだのは事実でしょう。「平塚さんの退官からは20年が過ぎ、亡くなってからも18年だ。いま私があの約束を破っても、彼の名刑事ぶりは少しも変わらない」と、この「とっておきの話」を結んでいます。そして、長い間、記者が負っていた重圧から解放されたことでしょう。

「取材源の秘匿」で不当な扱い

以上は、報道倫理の中の「取材源は公開が原則」に反した事例でした。メディアが守るべき取材源に関する倫理には、もう一つ、逆に「取材源の秘匿」があります。そのことによって、取材源を守ったために、メディアや記者が「誤報した」と疑われたり、取材妨害に遭ったりという、理不尽な扱いを受けることがあります。次はその典型的な事例です。

成田空港では今、B滑走路の拡張やC滑走路の新設などが進められていますが、1970年代は建設反対の激しい「成田闘争」の渦中でした。

1977年5月8日、芝山町横宮交差点近く、通称「臨時野戦病院」近くでスクラムを組んでいた東山薫さん（当時27歳）が頭に受傷し、2日後に亡くなりました。千葉地検が依頼した千葉大学・木村泰教授の鑑定では「催涙ガス弾の可能性」が指摘されました。しかし、ガス弾を発射したと見られる機動隊員は特定されませんでした。

読売新聞は同月末「東山さん死亡事件　不起訴の公算　『ガス弾』で特定できず」と、独自の報道をしました。

当時の取材記者によると、「この記事が誤報だとして、千葉県警、千葉地検などからは取材拒否され、読売新聞の水戸支局は建設反対派に取り囲まれるなど、厳しい緊張を強いられた」のです。

しかし、翌年3月、「千葉地検　不起訴決定」が下の添付記事のように報じられ、1年前の記事の正しかったことが裏付けられました。

その後、同事件は次のように経過しました。

東山さんの両親は国と千葉県を相手取って損害賠償請求訴訟を起こしました。読売新聞は、それについて詳しい

東山さん死亡事件
不起訴の公算
「ガス弾」で特定できず

1977年5月31日　読売新聞

讀賣
THE YOMIU
第36504号
成田闘争 東山事件
機動隊員ら不起訴
「死因は投石と推定」
新鑑定でガス弾説否定
千葉地検

1978年3月21日　読売新聞

解説を載せ、「民事法廷で真相が究明されない限り、東山事件の全容は歴史的にもヤミの中に葬られることになってしまうだろう」と結びました（池村俊郎記者。1978年3月25日）。

訴訟は、一審（千葉地裁）では、新たな鑑定「投石説」の提出もあって、原告が敗訴しました。しかし、控訴審（東京高裁）は「死因はガス弾」と認めて、千葉県に賠償（約3900万円）の支払いを命じ（1990年12月20日）、これが確定しました。

当初「誤報」とされた少年の告発

次は、少年の匿名報道に関する事例です。

戦後間もなく施行された少年法は、少年（20歳未満）の写真や実名の公表を禁じてきました。しかし、罰則がないため、極めて重大な事件の場合は「表現の自由」や社会的要請を理由に、一部の出版物はそれを公表してきました。

公表された事例では「永山則夫」が知られています。1968年に拳銃で4人を射殺し、死刑が確定しました。ただ、1997年に刑が執行される直前まで著作を続け、実名で数冊の単行本や短編集を刊行しましたので、この面では氏名の公開は容認されるでしょう。

2022年4月施行の改正少年法では、特定少年（18歳と19歳）という枠を設けて、起訴とともに氏名の公表が認められるようになりました。最近では、陸上自衛隊員３人を銃で死傷させ、強盗殺人容疑で起訴された19歳の元自衛官候補生の実名を岐阜地検が発表し、ほとんどのメディアが実名を公表しました。

しかし、一般的に、新聞や放送は、やはり少年保護を重視して、特定少年の場合でも氏名公表には消極的です。

陸自3人死傷 19歳を起訴

岐阜地検 発砲の元候補生 強盗殺人罪

岐阜市の陸上自衛隊日野基本射撃場で男性隊員3人が銃で撃たれて死傷した事件で、岐阜地検は28日、自衛官候補生だった渡辺直杜《なおと》容疑者(19)を強盗殺人と同未遂の罪で起訴し、発表した。認否は明らかにしていない。

地検は、渡辺容疑者が人を銃撃する目的で弾薬を奪おうと考えたと判断した。

地検によると、渡辺容疑者は射撃訓練中だった昨年6月14日、弾薬を強奪するために自動小銃を発砲。菊松安親陸曹長（当時52）と八代航佑2曹（同25）を死亡させ、原悠介3曹(26)に重傷を負わせたとされる。

地検は、今年1月まで約6カ月間、渡辺容疑者の事件当時の精神状態を調べるため鑑定留置を実施。その結果を踏まえて刑事責任を問えると判断し、岐阜家裁に送致した。家裁は2月19日に「刑事処分以外の措置を相当と認める事情は見当たらない」などとして検察官送致（逆送）を決定。地検は、送検時の容疑だった殺人と同未遂から、強

弾薬持つ

事件後、陸自は調査委員会を立ち上げて原因究明と再発防止策の検討を続けている。昨年8月には自衛官候補生の教育に

おことわり　改正少年法を受け、本社は今回の事件について、事件の重大性などを考慮し、起訴された少年を実名で報じます。

2024年2月29日　朝日新聞朝刊

以下に紹介するのは、半世紀以上も昔の事件ですが、少年の氏名を伏せる時代背景が新聞社にとってはマイナスとなって、誤報のそしりを受けた事例です。それは、私が新聞記者になって早々の厳しい体験でした。

発端は、札幌の保護観察所内で１人の少年に出会ったことでした。何か激しく訴えていましたが、保護観察官や保護司は相手にしませんでした。しかし、私は本当のことを訴えているかどうか、一応、手記を書いてもらいました。手記は次のように書かれていました。

一般社会人は、矯正施設に収容すると、誠に持って(+)になると思っているが、決してそうではないのです。むしろ、(−)になるのが九分九厘迄なのです。

私は、その裏付けを取るため、カメラマンと共に少年院を訪れ、教官から話を聞き、写真を撮りました。

その結果、「恐るべき悪への入口　千歳少年院の実状」という、かなり刺激的な記事が読売新聞北海道版に掲載されました。記事は、少年たちの飲酒や喫煙、そして少年間の殺人事件や教官による少年へのリンチなどを詳報しました。

少年は匿名H（18歳）で、他紙からは「誤報だろう」と無視されました。しかし、札幌地検の親しい検事が記事を信用して、捜査に着手しました。そして、「少年から事情を聞きたい」と、私に協力を求めました。しかし、当事者は少年ですし、「取材源の秘匿」という報道倫理も守らなければなりません。そこで、少年の意思を確認した上で、少年を地検検事に紹介しました。

2カ月後、同地検は教官2人、看守1人の計3人を「特別公務員暴行陵虐罪」の容疑で起訴し、教官など5人を起訴猶予処分としました。少年の訴え通り、仲間による塀を乗り越えた院内侵入とたばこや酒の差し入れ、そして、教官による「逆エビつるし」（手足の背中側への折り曲げ）や集団殴打、水掛け、などの事実が明らかにされたのです。

この発表によって少年院の実態が広く報道され、一時「誤報」とされた読売新聞の記事が真実と判明すると同時に、事件を機に、少年院の在り方が全国的に見直されました。時には「懲罰」に傾いていた少年院の性格が、本来の「矯正、更生保護」へと再認識され、教官の質の向上が図られたのは言うまでもありません。

「取材源なぜ公開したか」——謀略電話事件

次は、「取材源の公開」に踏み込んだ事例です。それは、前述の「謀略電話事件」（鬼頭史郎判事補事件。第17話参照）で、新聞社が直面した難題でした。

今では、ほとんどすべてのメディアがコンプライアンス（法令順守）を掲げ、同時に法律問題に対処するために顧問弁護士を委嘱しています。しかし、この事件（1970年代）以前、報道各社は、大げさに言えば、いかなる法権力も踏み込めない、いわば「治外法権的な言論機関」を自負していたので、顧問弁護士を委嘱した新聞社は少なかったのです。読売新聞社系列でも巨人軍に1人の委嘱弁護士がいただけでした。

「謀略電話事件」では、報道（1976年10月22日朝刊）とともに、同社や記者が法的に困難な問題に直面することが予想され、その対応のため、同社は、直ちに5人の法律家を顧問弁護士に委嘱しました。

顧問委嘱を快諾し、法的な助言や、関係諸機関との折衝などの難しい対応に、労をいとわず尽力されたのは、元高裁長官、元高検検事長、元裁判官、後年最高裁判事になった弁護士、内外メディア法の専門家の5人でした。共通していたのは、法曹界で一目置かれた経歴・識見の持ち主であるだけでなく、法律家でありながら、ジャーナリズムへの理解が深い方々でした。

そうして、記者（私）は東京地検の召喚を拒否し、社は証拠提出に抵抗したのでした。

エピソード

東京地検から召喚されたとき、私は自宅に籠もりました。そこへ、顧問弁護士の大野正男弁護士（後に最高裁判事）から電話がかかってきて「地検に行かなくてよくなった」と、次のように話しました。

「内藤頼博さん（元名古屋高裁長官）と2人で東京地検特捜部に行き、ロッキード事件と謀略電話事件の主任検事の吉永祐介副部長（後に検事総長）に会いました。吉永検事は「泣く子も黙る」といわれるタカ派検事でしょう。内藤さんがその吉永検事を叱り飛ばしたんですよ。

『新聞記者には報道の自由という厳しい使命がある。召喚は許せない』と。いつも温厚な内藤さんがですよ。びっくりしました」

取材源「秘匿」と「公開」の整合性

そうした法的な対応とともに、メディア倫理上の難問の一つとして直面したのが、取材源についての「秘匿」と「公開」の整合性でした。

前述のように、社は、この件の報道では、「一切事実を隠さない」ことを基本方針としていましたが、情報提供者の鬼頭裁判官は、刑事事件の容疑者であり、同時に「秘匿すべき情報源」でもあったのです。この二律背反に対して採用された選択肢は「情報源の公開」の方、すなわち情報提供者のアイデンティティーの明示の方でした。

その選択には、メディア界からの疑問や異議が予想されました。そのため、初報から10日後、1面に「取材源なぜ公開したか——謀略電話と本紙の報道について」という社告を掲載しました（1976年11月1日朝刊）。この2000字に及ぶ長い社告の理論的裏付けは、委嘱弁護士の一人、山川洋一郎氏（米国ミシガン大学ロースクール比較法修士）によりました。

その骨子は「取材源秘匿の義務は、新聞記者の生命だが、取材源と記者との間に通常存在する信頼関係がないので、国民の知る権利に応える報道の使命が優先する」というものでした（要旨は後掲）。

取材源なぜ公開したか
謀略電話と本紙の報道について

1976年11月1日　読売新聞朝刊

10月末の読売新聞の初報以降、新聞・雑誌、放送などのメディアは数カ月にわたってこの事件報道に翻弄されましたが、読売新聞社は、法と倫理両面について万全な体制を敷いたため、幸いに、メディアや社会から報道倫理上の批判や非難は受けませんでした。

社告「取材源なぜ公開したか」

読売新聞1976年11月1日掲載（要旨）

第18話　「取材源」の秘匿と公開

本社のこの報道は、「ニュース」の提供者・鬼頭氏自身の名前を明らかにしたという点で「取材源秘匿」のルールに触れる。今度の事件を慎重に検討した結果、例外中の例外として、取材源秘匿義務の放棄が許されるケースと判断した。

同氏は、電話の録音テープ提供の条件として、提供者の氏名を伏せることと記事の検閲を要求した。本社では、電話の主を本人と確認した段階で、同氏に〝自首〟を強く勧めた。同氏はいったんは〝自首〟を決意し、告白も寄せた。

本社では、事実の裏付けと、事件の背景の追及を続けた。こうして最終的には、鬼頭氏に通告した上、記事掲載に踏み切った。

もともと、取材源秘匿の義務は、ニュースソース（取材源）と新聞記者との間に信頼関係が存在することを大前提にしている。ところが、

一、鬼頭氏は、本社記者に、意図的に取材源の秘匿義務を課し、読売新聞を利用して違法行為を成就しようとした。本社記者と同氏との間には、取材源秘匿の前提として存在する信頼関係はなかったし、従って、秘匿の義務もないとみなさざるを得ない。

一、誰が、どういう意図で、謀略電話事件に関わったか、という事実関係をありのま

まに報道しなければ、真実を伝えたことにはならないし、これらの事実を伏せることは、国民の知る権利に応える報道の使命にも反する。

こうした諸点から、読売新聞社は「真実を伝える義務」を優先させ、あえて取材源の公開を含む事実の報道に踏み切った。

言うまでもなく、「取材源」は、記事の信ぴょう性や報道の信頼性を確保するために、報道機関や記者には、できるだけそれを明示する責任があります。そして、その上で、報道機関と取材源との信頼関係を損なわないためには、その公開や証言を拒否しなければなりません。

なお、山川氏は、後年、民事訴訟「ＮＨＫ記者証言拒否事件」で、記者側の代理人として「取材源の証言拒否」の正当性を主張する弁論を提出しました。そして、「記者の証言拒否は適法」とする貴重な最高裁判例（２００６年10月、第三小法廷決定）を引き出しました（「『あとがき』に代えて」参照）。

第19話

「社論に反した社説」を執筆とは？

新聞社の会長・主筆が「社論と反対の社説を執筆した論説委員に執筆を禁じたこともあった」と公表しました。社論とは新聞社内の自由な論争を通じて形成された主張です。それに反するような非常識な論説委員がいるのでしょうか。

「社説」は個人の意見ではない

事実を検証するために、まず「社説とは何か」から考えてみましょう。

社説は「新聞・雑誌などに、その社の主張として掲げる論説」（広辞苑）で、「社論」あるいは「新聞の顔」といわれます。従って、個人の意見ではなく、新聞社の総意、あるいは少なくとも社の信託を受けた論説委員たちの幅広い英知の結晶と言ってよいでしょう。そして、そうした社内や論説委員会の自由な空気と論争のまとめ役が「論説委員長」で、集約された社論の責任者が「主筆」です。憲法判断をする最高裁判所の長官でも、心ならずも「多数意見に敗れる」ことがあります。主筆も同様でしょう。
ニューヨーク・タイムズ紙は次のように規定しています。

新聞に掲載されるニュースは、ニュース面とニュース担当スタッフに任されます。そして、社説（Editorial）は論評面とその担当スタッフに任されます（The New York Times Manual of Style New York and Usage, First Edition. New York Times Books, 1999, pp.117-118）。

スタッフは、もちろん複数です。
ワシントン・ポスト紙では、かつて論説委員長（Editorial page editor）だったメグ・グリーンフィールド氏は、次のように論説委員会を運営していたと言われます。

ポスト紙の社説は、国際主義と市民の自由を強く主張してきました。しかし、だからと言ってグリーンフィールドが、論説の会議で一定のイデオロギーを要求したことはありません（同紙のオンブズマン、E・R・シップ氏のコラム「オンブズマン」1999年5月2日）。

第19話　「社論に反した社説」を執筆とは？

　このアメリカの有力両紙の社説の在り方は、私が論説委員だった1970年代の読売新聞でも同様でした。例えば、1978年11月、読売巨人軍が野球協約の隙を衝いて江川卓投手を入団させようとしたとき、論説委員会は討議の末、スポーツらしいフェアプレーを優先させて、「江川獲得」を正当化する論説を載せませんでした。

「主筆」が決める「社論」とは……

　しかし、その後、同社は「社論は主筆に属する」という社則が文字通りに適用されて、主筆が社論を決定し、それに反する者は論説委員会から排除されていきました。そうした空気の中から、本話の冒頭に載せた暴言とも言える問題発言が生まれたのです。

　その経緯を、他紙の連載記事が次のように書いています（朝日新聞夕刊、2016年9月26日。連載「新聞と9条」345）。

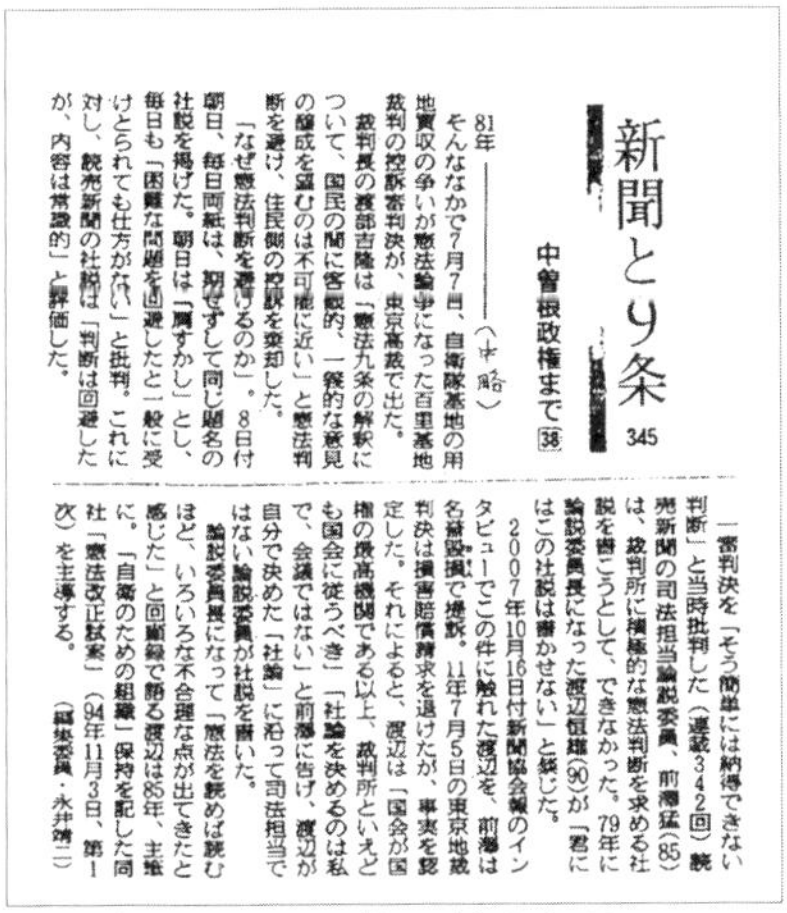

新聞と9条　345

中曽根政権まで 38

81年――――（中略）

そんななかで7月7日、自衛隊基地の用地買収の争いが憲法論争になった百里基地裁判の控訴審判決が、東京高裁で出た。

裁判長の寮部吉隆は「憲法九条の解釈について、国民の間に客観的、一義的な意見の醸成を望むのは不可能に近い」と憲法判断を避け、住民側の控訴を棄却した。

「なぜ憲法判断を避けるのか」。8日付朝日、毎日両紙は、期せずして同じ題名の社説を掲げた。朝日は「肩すかし」とし、毎日も「困難な問題を回避したと一般に受けとられても仕方がない」と批判。これに対し、読売新聞の社説は「判断は回避したが、内容は常識的」と評価した。

一審判決を「そう簡単には納得できない判断」と当時批判した（連載342回）読売新聞の司法担当論説委員、前澤猛(85)は、裁判所に積極的な憲法判断を求める社説を書こうとして、できなかった。79年に論説委員長になった渡辺恒雄(90)が「君にはこの社説は書かせない」と封じた。

2007年10月16日付新聞協会報のインタビューでこの件に触れた渡辺を、前澤は名誉毀損で提訴。11年7月5日の東京地裁判決は損害賠償請求を退けたが、事実を認定した。それによると、渡辺は「国会が国権の最高機関である以上、裁判所といえども国会に従うべき」「社論を決めるのは私で、会議ではない」と前澤に告げ、渡辺が自分で決めた「社論」に沿って司法担当ではない論説委員が社説を書いた。

論説委員長になって「憲法を読めば読むほど、いろいろな不合理な点が出てきたと感じた」と回顧録で語る渡辺は85年、主筆に。「自衛のための組織」保持を記した同社「憲法改正試案」（94年11月3日、第1次）を主導する。

（編集委員・永井靖二）

2016年9月26日　朝日新聞夕刊

……自衛隊基地の用地買収の争いが憲法論争になった百里基地裁判の控訴審判決が、東京高裁で出た。……読売新聞の司法担当論説委員、前澤猛（85）は、裁判所に積極的な憲法判断を求める社説を書こうとして、できなかった。１９７９年に論説委員長になった渡辺恒雄（90）が「君にはこの社説は書かせない」と禁じた。

２００７年10月16日付新聞協会報のインタビューでこの件に触れた渡辺を、前澤は名誉毀損《きそん》で提訴。２０１１年７月５日の東京地裁判決は損害賠償請求を退けたが、事実を認定した。それによると、渡辺は「国会が国権の最高機関である以上、裁判所といえども国会に従うべき」「社論を決めるのは私で、会議ではない」と前澤に告げ、渡辺が自分で決めた「社論」に沿って司法担当ではない論説委員が社説を書いた。

ここで触れられた新聞協会報（２００７年10月16日）には、新聞文化賞を受賞した渡辺恒雄読売新聞社長のインタビューが掲載され、同氏は受賞理由に「社論の確立」を挙げ、その事例として「社論と反対の社説を書いた論説委員に執筆を禁じたこともあった」と述べたのです。

主筆を提訴

論説委員だった私は、この談話内容が「事実に反した誹謗《ひぼう》中傷で、論説委員としての名誉を棄損された」として、同協会編集部と渡辺氏に再三、談話の訂正を求めましたが、応じなかったため、渡辺氏を名誉棄損で東京地裁に提訴したのです。

私が原告として主張した訴因は以下の通りでした。

①渡辺氏の談話で「論説委員」とされている者は「前澤」と特定される。

②編集局総務だった渡辺氏が前任の論説委員長と激論したテーマは、渡辺氏の言う「自衛隊」ではなく、「江川卓投手の巨人入団の是非」だった。

③前澤は渡辺氏の言うように「社論と反対の社説を書いた」ことはない。

④論説委員が「社論と反対の社説を書いた」と公言されたら、ジャーナリストとして失格の烙印《らくいん》を押されたことになる。

それに対して、被告（渡辺）側は、

①談話中の論説委員は前澤と特定されない。

②は訴因と関係がない。

③の「社論に反対の社説を書いた」は「書こうとした」という意味。

④従って、談話内容は原告の名誉棄損に当たらない。
と反論しました。

東京地裁は、提訴から半年余りの敏速な判決（2011年7月5日）で、談話の事実関係を次のように判断しました。

「論説委員を原告（前澤）であると認識した者は……原告が従来の社論に従って社説を執筆しようとしたところ、これが被告（渡辺）の『意向に沿わない』内容であったため、被告の『一存』でその執筆を禁じられたものと理解すると認められる」（『』（）は筆者の挿入）

毎日新聞（2011年7月6日）は次のように、簡潔に報じました。

【名誉毀損訴訟】読売元論説委員の賠償請求を棄却——東京地裁

読売新聞元論説委員の前沢猛氏が「自衛隊に関し、社論に反した社説を執筆したかのような発言で名誉を毀損された」として、渡辺恒雄・読売新聞グループ本社会長に150万円の賠償などを求めた訴訟の判決で、東京地裁（深山卓也裁判長）は5日、請求を棄却した。

判決によると、渡辺氏は日本新聞協会が発行する新聞協会報（2007年10月）のインタビュー記事で、自衛隊を巡る過去の社内論争に触れ、「社論と反対の社説を書いた論説委員に執筆を禁じたこともあった」と述べた。

渡辺氏が指摘した相手は匿名だったが、判決は「協会報読者の相当数は前沢氏と特定できる。マスコミ界での社会的評価を低下させる可能性はある」と指摘。一方で、「前沢氏と分かった読者も『従来の社論に従い社説を書こうとしたのに渡辺氏の一存で執筆を禁じられた』と理解すると思われ、賠償を認めるほどの違法性はない」と結論づけた。

「社論の確立」は主筆の主張の強制

私は、渡辺恒雄氏が強調する「社論の確立」は渡辺氏の主張の強制であって評価することはできず「自由なジャーナリズムに弓引く危険な一矢」と見なしています。そして、さらに問題なのは、その「社論の確立」を、日本新聞協会が「新聞文化賞」の授賞理由に組み入れたことです。新聞文化賞は「言論ならびに新聞事業を通じて社会文化に顕著な功績のあった新聞人に贈る」とされています（日本新聞協会新聞文化賞授賞基準）。つまり、ジャーナリズムへの貢献を評価する賞です。しかし、この20年間の受賞者はわずか4人で、しかも、大手新聞の会長、社長の歴任者ばかりです。

「新聞協会報のインタビュー談話」と、「朝日新聞の連載記事」から受ける印象はまったく異質です。読者は、この印象の違い、具体的には「事件内容」と「評価」の違いをどう受け止めるでしょうか。

前記の判決によれば、渡辺氏の公表した「社論に反対の社説を書いた論説委員」は事実に反し、読者には「渡辺氏の意向に反した論説委員」と理解される。従って、結果的に論説委員の名誉は損なわれず、「損害賠償」までは必要としない、と判断されたのです。

もともと、原告の賠償請求（150万円）は名誉毀損提訴の最低必要条件にすぎず、原告としては、関係事実を公正な第三者に判断してもらうことが目的でした。言論の争いを司法の場に持ち込んだのは、前述のように、日本新聞協会と渡辺氏に、新聞協会報掲載の談話内容の訂正を再三要請しましたが、渡辺氏はそれを拒否し、協会も事実確認の編集責任を認めなかったため、やむを得なかったからです。つまり、メディアの重要な倫理である「説明責任（アカウンタビリティー）」を両者が拒否したためです。

被告の渡辺氏は「賠償の支払い」を免れ、形として勝訴となったため控訴できませんでした。そのため、判決の事実認定がそのまま確定し、原告は「社論に反対の社説を書いた」

という誹謗、すなわち反ジャーナリズムという冤罪から解放され、名誉が回復されました。東京地裁の判決は「大岡裁き」と言えるかもしれません。

そして、この事件と訴訟は、1人のジャーナリストの名誉を超えて、新聞社のトップが自負する「社論の確立」が、実際は「社論の専断」であることを社会的に周知する貴重な結果をもたらしたと言えるでしょう。

新聞協会も訂正応じず

問題となったインタビューを機関紙（新聞協会報）に掲載した日本新聞協会を私が名誉棄損訴訟の対象（被告）から外したのは、同協会や編集者の良識を期待してでした。

「社論の確立」は、渡辺氏自らが新聞文化賞の受賞理由に挙げていました。そして、「社論に反対の社説を書いた論説委員に執筆を禁じた」という「社論の確立」の挙証事実が、実は「渡辺氏の『意向に沿わない』内容であったため、同人の『一存』で執筆を禁じた」と地裁判決で認められ、そのまま確定したのです。

しかし、新聞協会は、機関紙の訂正も削除もしていません。日本のメディアの総本山として、そうした姿勢は理解に苦しみます。

第20話 禁止語——記者の受難

偏見や先入観による加害や被害は刑事事件に限りません。今回は身近な新聞社と記者が表現・用言で被った「冤罪」です。

糾弾された論説委員

1980年代のことです。経済担当の論説委員がノイローゼ気味になりました。聞くと「社説の中で使った用語で厳しく非難されている」というのです。

経済対策を批判した「片手落ち」という一語によって、本人と社が部落解放同盟の糾弾を受けたのです。理由は「身障者に対する蔑視であり、新聞社と記者は差別を容認、助長している」ということでした。糾弾の主は部落解放同盟の広島県連合会で、当時、同県内の糾弾活動は特に激しかったのです。

私は「これは差別用語ではなく、新聞社や記者に差別意識はない」と判断して、論説委員会名で次の回答を送りました。

当新聞社は差別的な偏見や用語使用には厳しい方針を持っています。今回糾弾の対象となった「片手落ち」は差別語ではありません。「片手が落ちた」のではなく「偏った処理」です。

「片」は、「片・手打ち」「片・一方」のように一方に偏ったという接頭語です。広辞苑は、「配慮が一方にだけかたよること。かたびいき」と記述しています。

この回答への解放同盟の反論はなく、「差別容認」という新聞社と同僚への偏見は拭われたと安堵していました。

しかし、後日談があります。

「差別」の汚名を返上

解放同盟同県連の委員長が1990年に衆議院議員になり、その直後、日本記者クラブで講演をしました。その冒頭、「私は新聞社の差別語使用を糾弾して、謝罪させました」と話し始めたのです。

驚いた私は、この発言の撤回を求めました。

「問題の用語は『片手落ち』でしたが、それは差別語でも使用禁止語でもありません。そのため訂正も謝罪もしていません」

講師は反論せずに聞き流しました。しかし、会場に岩波書店の社員がいたのでしょうか。その後に刊行された『広辞苑』の内容が変わったのです
広辞苑では、長く「片手落ち」を「片手」の項目に入れ、その成句として「―おち【片手落ち】」と記述していました。しかし、日本記者クラブでのやりとりがあった翌年、1991年11月刊行の「第四版」は、「片手落ち」を「片手」の項から外し、「かた‐ておち【片手落ち】」と、独立して掲載し、その後の版でも同様です。

この語は偏見から逃れたようです。

もっとも、実はこの抗議のとき、私は最後をこう結んだのです。

「差別語でなくても、聞いたり読んだりした人が差別されたとか、蔑視されたとか受け止めるようでしたら、そうした用語は、使わないで済んだら、控えた方がよいかもしれません。貴会への文書でも、そう書きました」

時事通信社の『最新 用字用語ブック 第8版』（2023年）は次のような言い換えを勧めています。

「片手落ち→不公平、不平等、えこひいき、均衡を欠く、気配りを欠く」

メディアのガイドライン

新聞社内の人権に関する表現基準を、メディア界で初めて公開して注目された出版物に『書かれる立場書く立場――読売新聞の「報道と人権」』（読売新聞社、1982年）があります。差別語について、同書は、次のように述べています。

不快用語問題

Q　不快用語と、新聞記事作成との関わりを示してほしい。

A　昭和56年5月、政府は、医師法など九つの法律の条文に使われていた「つんぼ」、「おし」、「めくら」をやめて「耳が聞こえない者」、「口がきけない者」、「目が見えない者」に改めました。続いて総理府では、不快用語として「不具」、「廃疾」、「白痴者」の3語を取り上げ、140の法律からなくすことに決め、関係法一括改正案を57年3月末、国会（第九十六国会）に提出しました。

改正案では、①関係者に受け入れられること②法律上の意味、内容を変えずに置き換えることを重点に、「不具」、「廃疾」の2語を「障害」に、「白痴者」を「精神薄弱児（者）」に言い換えました。例えば、公職選挙法49条（不在者投票）のくだりには、「選挙人が疾病、負傷、妊娠、老衰、不具もしくは……」と不具の文言が見えますが、改正案では「身体の障害」に置き換えられています。

新聞報道も、同じ趣旨を記事に具体的に反映させるべきでしょう。相手の身になって、その人の心の痛みをわが痛みとしながら記事を書くのは、マスコミの使命のひとつと考えます。

ただ、「言葉の言い換えは不快用語を再生産するだけではないか」という批判もあります。言い換え語が、新たな差別感を持つようになっては、何にもならないでしょう。単に言葉の置き換えだけに新聞報道が安住するのではなく、不快用語や差別用語にひそむ偏見や差別観と、それから生じる人権侵害問題に報道のメスを入れる気構えを、常に持つべきです。

（執筆は当時、新聞監査委員〔社内オンブズマン〕だった前澤）

最近は、多くのメディア各社が差別語や禁止語についてガイドラインを設けています。次は、共同通信社の基準です（『記者ハンドブック　新聞用字用語集 第14版』２０２２年）。

差別語、不快語

性別、職業、身分、地位、境遇、信条、人種、民族、地域、心身の状態、病気、身体的な特徴などについて差別の観念を表す言葉、言い回しは使わない。基本的人権を守り、あらゆる差別をなくすため努力するのは報道に携わる者の責務だからだ。

使う側に差別意識がなくても、当事者にとっては重大な侮辱、精神的な苦痛、差別、いじめにつながることがある。使われた側の立場になって考えることが重要だ。ことわざや成句、書物などの引用でも、その文言の歴史的な背景を考え、差別助長にならない心遣いが必要になる。

【例外としての使用規定】

インタビューや談話などで当事者が意識的に使った場合や、差別の実態を示すために表記する必要がある場合はそのまま書き、なぜその表現をしたのか読者に伝わるようにする。

『ハンドブック』は続いて、「特に気を付けたい言葉の主な例は次の通り」として、「心身の障害、病気」「職業」「身分など」「人種、民族、地域の表記」「子ども」「俗語、隠語、不快語」の6項目にわたって170語を列記しています（時事通信社の『用字用語ブック』は200余語）。それらのほとんどは常識、良識に沿っています。

しかし、最後の【使用を避けたい隠語など】として列記された以下の用語は、つい使いそうです。

いちゃもんをつける、落としまえ、ガサ入れ、ガンをつける、狂言強盗、
けつをまくる、サツ、シマ、スケバン・助番、ずらかる、賊、
タタキ、たれ込み、チャリンコ、デカ、ぱくる、暴力団狩り、
ホシ、ブタ箱、ムショ、ヤク、やばい

『最新 用字用語ブック 第8版』時事通信社、2023年

『記者ハンドブック　新聞用字用語集 第14版』共同通信社、2022年

「あとがき」に代えて――「情報社会の脆弱性」と「報道の自由の再確認」

「はしがき」で述べたように、私が裁判、特に冤罪と深く関わるようになった端緒は、ほぼ70年前の「梅田事件控訴審判決の法廷での殴り合い」の目撃でした。そして、記者生活を離れて、一ジャーナリストとなって、深く感動したのが、十数年前、布川事件と自筆の社説とのつながりを知ったときでした。

本書を執筆する動機の一端はこの二つの体験にあると言えるでしょう。そして、ジャーナリストとして数々の冤罪を取材し、こうした悲劇の絶滅を切に願ってきました。本書は、そうした一ジャーナリストの体験に基づいています。しかし、冤罪のすべてを取り上げることができなかったことを残念に思います。

「白鳥決定」、十分に機能していない

改めて、日本の冤罪の救済の転換点となった「白鳥決定」の意義を強調したいと思います（第I部第6話参照）。その決定後、死刑事件を含む多くの冤罪の再審請求や再審裁判で、

元被告の無実が認められました。

しかし、その一方、「白鳥決定」の理念やその尊重が十分に機能していない、という批判も事実として否定できません。「袴田事件」の再審裁判（静岡地裁、2024年9月26日判決）の公判では、検察が有罪立証に固執し、また、「飯塚事件」再審請求を棄却した一審決定（福岡地裁、2024年6月5日）のように捜査段階の調書を過信するケースも絶えません。

「フェイク」「陰謀論」の蔓延

最近の国際的な社会の危険な風潮に、虚偽や誤報を拡散し、それを過信する「SNS依存」や「フェイクニュースの蔓延《まんえん》」があります。日本もその例外ではなく、それらは冤罪とは無縁ではないでしょう。すなわち、冤罪の発生は、捜査官による自白強制や偽証、証拠捏造、司法による事実誤認などによりますが、さらには、社会に流布する虚報や偏見の重複によって起こされたフェイクによる悲劇と言えるでしょう。

フェイク情報は、世界を巡って増大し、多くの国や地域を混乱に陥れています。特にアメリカでは、ここ数年、「Qアノン」と呼ばれる陰謀論勢力がフェイク情報を広め、社会を分断し、破壊しています。国会議事堂占拠事件（2021年1月6日、大統領選開票の不正を信じるトランプ支持者による）や、ペロシ下院議長自宅襲撃事件（２０２２年10月。被告は２０２４年5月の判決で禁錮30年）のような政治的暴力が耳目を集めました。そして、一般市民が犠牲となる暴力事件、冤罪事件の多発へと拡大しています。それは、対岸の火事、と看過できません。アメリカのメディアは陰謀論やフェイクニュースの虚偽を正す努力をしていますが、「真実を伝える報道の自由」は苦戦しています。

日本でも、Qアノン信奉者は社会に浸透しています。新型コロナワクチン反対グループによる接種会場侵入事件（２０２２年３、４月）や執拗なデモが知られています。現在は、アメリカほどフェイクや流言や虚報などによる犯罪は多発していませんが、「フェイク・陰謀論の浸透」と「冤罪の深層」は国際的に共通した社会的病巣として増幅しています。

冤罪の冨士茂子さんが中傷や誹謗の的となった現象（第Ｉ部第15話参照）は、過去の教訓にとどまらないでしょう。これまでの冤罪事件の背後には、捜査、検察担当者、そして一部裁判官の「誤った正義観」が認められます。社会的秩序の優先は、日本社会に広く根強く残滓《ざんし》している風潮ですが、さらに、ＳＮＳ依存症の普遍化によって拡大する恐れがあるでしょう。「ＡＩの規制」や「ＳＮＳの虚偽情報防止」などの法的対策が、政治的課題にもなっています。

積極的な調査報道を

この「あとがき」を書く機会に、そうしたSNSを通じて流言飛語が蔓延する時代の趨勢《すうせい》を俯瞰《ふかん》し、改めて「虚偽の盲信」を正し、「真実」を伝えるために欠いてはならない「メディアの責任」と「報道の自由」の重要性を強調しないではいられません。

今、情報提供に携わるメディアやジャーナリストに要請されるのは、将来に向かって予想される、無秩序な情報社会の暴走の直視です。そして、同時に、過去および現在の情報社会の脆弱《ぜいじゃく》性の率直な再確認とその改善への努力です。

冤罪については、その責任が捜査当局や司法にあるのは当然ですが、同時に、メディアもその発生や救済への責任の一端を負うべきでしょう。それは、何よりも「報道と取材の自由」が完全に認識され機能してこなかった結果と言えるのです。

国境なき記者団が例年公表している「世界報道の自由度ランキング」では、日本は、世界180カ国・地域中の70位です（2024年5月発表）。それは日本のメディアには納得できない評価かもしれませんが、次の総評を真っ向から否定するのは難しいでしょう。

「議会制民主主義国家であり、報道の自由と多元主義の原則は一般的に尊重されている。しかし、伝統的・ビジネス上の利害関係、政治的圧力、ジェンダーの不平等などにより、ジャーナリストが監視役としての役割を完全に果たすことができないことが多い。……既成の報道機関のみが記者会見や高官に接近できる記者クラブ制度は、記者を自己検閲に駆り立て、フリーランスや外国人記者に対するあからさまな差別となっている」

そして、総評は「日本のジャーナリストは比較的安全な労働環境を享受している」と観察していますが、そうした環境が、むしろ、日本のメディアと記者たちの積極的な調査報道を阻み、捜査と司法への追随や妥協によって、「冤罪」を許容してきたとも言えるでしょう。また、あえて言えば、コンプライアンス（法令順守）にこだわる一方で、「報道の自由」の自己評価レベルが低くなってはいないでしょうか。

そうした趨勢の反面教師としては、1984年滋賀県日野町で起きた強盗殺人事件「日野町事件」を掘り下げた朝日新聞の最近の特集（2024年6月18日朝刊）が注目されます。再審請求に対する最高裁の決定を前にして、あえて同紙独自の調査報道の結果の掲載を先行させました（「日野町事件」については「はしがき」と第Ⅰ部第7話を参照）。

やはり、最高裁の判決を前にして、あえて「表現の自由」を優先させた報道事例には、「（無罪の）新証拠発見」を掲載した（読売新聞、1964年12月2日）「青梅線事件」（第Ⅰ部第4話参照）があります。

「報道の自由」の優越的地位

次の文章をご覧ください（第Ⅰ部第14話参照）。

アメリカでは、「表現の自由」が他の人権と比較衡量された場合、特に優越的地位を保障されるようになった……「表現の自由が生き残るためには、息づくゆとりが必要だ」という有名な表現が１９６４年のタイムズ事件連邦最高裁判決で確固たる基盤を得た。その判決は「誤った意見は、自由な論説に不可避であるだけでなく、守られさえしなければならない。表現の自由が生き残るためには息づくゆとりを必要とするからだ」として、表現の自由の許容範囲を大幅に拡大した。

20年も前の拙著『表現の自由が呼吸していた時代』（コスモヒルズ、２００２年）の序論の一部です。そして、アメリカでは、そうした「報道の自由」度の尺度の一つと言える「取材源の証言拒否」の権利が、40年も前に、ほとんどの州法で認められたのです。

実は、日本でも、「沖縄密約事件」と「取材源の証言拒否事件」の被告・記者側の弁論で、その連邦最高裁判決が引用され、その意義が強調されました。そして、最高裁も、基本的に「報道の自由」が憲法で保障されていることを確認したのです。残念ながら「沖縄密約事件」では西山太吉記者が有罪となり、後者では、証言拒否権が民事事件に限定されました。しかし、「報道や取材の自由」が、憲法で保障された権利であり、そして言い換えればその実現が義務であることが、社会と司法に、より広く確実に認知され、メディアもその自由を積極的に、確実に駆使することが強く求められているのです。そうして、冤罪事件の悲劇の救済とその発生の根絶が期待されているのです。

最高裁の判断を生かそう

メディアがそうした方向へより積極的に前進する一助として、「『報道の自由』は憲法で保障される」と認めた最高裁の二つの判示を付記して、本書の結びにしたいと思います。これが、単なるスローガンとしてではなく、メディアの具体的な行動指針として生かされることを期待します。

【A】は「取材行為の正当性」を認めた決定（沖縄密約事件、第Ⅰ部第14話参照）の要旨です。

【B】は「取材源の証言拒否」を認めた決定の要旨で、アメリカでの健康食品会社に関わる日本での嘱託尋問で、取材源についての証言をＮＨＫ記者が拒否した民事事件です。同事件では読売新聞と共同通信の記者も証言拒否しており、ＮＨＫ同様、拒否の正当性が裁判で確定しています。

【Ａ】

報道機関の国政に関する取材行為は、国家秘密の探知という点で公務員の守秘義務と対立拮抗するものであり、時としては誘導・唆誘的性質を伴うものであるから、報道機関が取材の目的で公務員に対し秘密を漏示するようにそそのかしたからといって、そのことだけで、直ちに当該行為の違法性が推定されるものと解するのは相当ではなく、報道機関が公務員に対し根気強く執拗に説得ないし要請を続けることは、それが真に報道の目的からでたものであり、その手段・方法が法秩序全体の精神に照らし相当なものとして社会観念上是認されるものである限りは、実質的に違法性を欠き正当な業務行為というべきである。

（１９７８年５月31日、最高裁第一小法廷決定）

【Ｂ】

報道関係者の取材源は、一般に、それがみだりに開示されると、報道関係者と取材源となる者との間の信頼関係が損なわれ、将来にわたる自由で円滑な取材活動が妨げられることとなり、報道機関の業務に深刻な影響を与え以後その遂行が困難になると解されるので、取材源の秘密は職業の秘密に当たるというべきである。……
……報道機関の報道は、民主主義社会において、……国民の知る権利に奉仕するものである。したがって、……事実報道の自由は、表現の自由を規定した憲法21条の保障の下にあることはいうまでもない。また、このような報道機関の報道が正しい内容を持つためには、報道の自由とともに、報道のための取材の自由も、憲法21条の精神に照らし、十分尊重に値するものといわなければならない……取材源の秘密は、取材の自由を確保するために必要なものとして、重要な社会的価値を有するというべきである。……公正な裁判を実現すべき必要性が高く、そのために当該証言を得ることが必要不可欠といった事情が認められない場合には、当該取材源の秘密は保護に値する……証人は、原則として、当該取材源に係る証言を拒絶することができる……。

（2006年10月3日、最高裁第三小法廷決定）

2024年11月

前澤　猛

冤罪事件一覧

掲載順序は、当該事件が起きた年月の古い順から。記載内容は一部、本文と重複します。また、できるだけ著明事件を網羅しましたが、冤罪事件のすべてではありません。文中、敬称は略させていただきました。

【がんくつ王事件】（吉田老の不屈の「行動証拠」）

1913（大正2）年、愛知県愛知郡千種町（現名古屋市千種区）で起きた強盗殺人事件の犯人によって主犯とされた吉田石松は、一審死刑の後、上告審の無期懲役が確定して服役した。1935（昭和10）年仮出所後、犯人からわび状を取り、新聞が「巌窟《がんくつ》王」として報道した。戦前戦後の度重なる再審請求が退けられた後、日本弁護士連合会（日弁連）の支援を得て、1962（昭和37）年、五度目の再審請求が認められ、1963（昭和38）年2月、名古屋高裁で無罪判決。そのまま確定した。事件から半世紀たっていた。

【加藤老事件】（「がんくつ王事件」で勇気づけられ）

１９１５（大正４）年7月、山口県殿居村（現下関市の一部）で炭焼き作業者が殺された強盗殺人で逮捕された犯人から共犯とされた加藤新一（当時24歳）は、翌年、無期懲役が確定した。戦後、「吉田がんくつ王」の無罪を知り、再審を繰り返した。白鳥決定（１９７５〔昭和50〕年）後、第六次再審請求が認められ、１９７７（昭和52）年7月、広島高裁の再審で無罪となり確定した。事件から62年後の無罪確定は、日本の裁判史上最長。国家賠償請求訴訟を提訴後、１９８０（昭和55）年４月、死去（89歳）。

【榎井《えない》村事件】（48年後の無罪）

１９４６（昭和21）年8月、香川県榎井村（現琴平町の一部）で大蔵省専売局職員が拳銃で射殺された。少年Ａ（当時18歳）が逮捕され、高松地裁の無期懲役判決の後、同高裁の懲役15年判決が確定した。Ａは１９９０（平成２）年3月の再審請求が認められて、１９９４（平成６）年3月に無罪となり確定した。この事件では財田川事件と共に、同県での強引な違法捜査の実体が追及された。

【滝（淳之助）事件】（不可能な犯罪）

敗戦直後の1947（昭和22）年6月、千葉県市川市の自転車店で3人が殺害され5人が重傷を負わされた。1951（昭和26）年1月、滝淳之助が東京・上野署に逮捕され、次々と未解決事件を〝自供〟し、同事件を含む強盗殺傷、窃盗など21件で有罪・無期懲役が確定し、服役した。市川の事件のときは17歳で、死刑を免れたが、実は、当時は札幌で住み込み左官見習いをしていて、交通事情も悪く、札幌―市川間をトンボ帰りして重大犯罪を起こすことは不可能だった。この事実を報じた読売新聞の社説がきっかけで、1975（昭和50）年11月、仮釈放された。

【帝銀事件】（死刑確定のまま天寿）

1948（昭和23）年1月26日午後、東京都豊島区の帝国銀行椎名町支店で男が行員らに青酸カリを飲ませ、12人が死亡、4人が重体となって、現金が奪われた。逮捕された画家・平沢貞通は犯行を否認したが、死刑判決が確定。「犯人は別人」として再審請求が繰り返され、歴代法相が刑の執行を認めないまま、1987（昭和62）年に95歳で獄死。

【帝銀・偽証事件】（「反権力目的」と決めつけ）

画商・野村晴通は、平沢被告から絵画16点を買った、と帝銀事件の再審請求訴訟で証言した。東京地検は1965（昭和40）年、「平沢貞通氏を救う会」事務局長・森川哲郎と野村ら4人を偽証容疑で逮捕・起訴した。東京地裁は野村には実刑、森川には執行猶予を言い渡したが、控審（東京高裁刑事8部）は野村に懲役2年、そして森川に「反権力思想犯」と動機づけをして同1年6月の実刑を言い渡し（1968〔昭和43〕年11月）、上告棄却（1971〔昭和46〕年11月）で確定した。

【幸浦事件】（静岡県警の違法捜査が白日の下に）

1948（昭和23）年11月、静岡県幸浦村（現袋井市）で一家4人が絞殺され、男性4人（当時19歳、23歳、38歳、45歳）が逮捕された。一、二審は3被告に死刑、1被告に懲役1年の有罪だったが、最高裁が高裁に差し戻し、東京高裁は、全員無罪を判決、上告棄却で確定（1963〔昭和38〕年）。冤罪の決め手は、被害者の遺体発掘場所が被告の自供によるとされていたのが、事実は警察が事前に知っていたということだった。こうした「秘密の暴露」の捏造や、被告への拷問などを伴った静岡県警の強引な捜査が、その後、次々と明らかになるきっかけとなった。

【免田事件】（死刑被告、初の再審無罪）

１９４８（昭和23）年12月、熊本県人吉市の強盗殺人事件で一家４人が死傷した。翌月、免田栄（当時23歳）が逮捕・起訴され、熊本地裁八代支部で死刑判決。控訴、上告は退けられ、死刑が確定（１９５２〔昭和27〕年１月）。再審請求が一時認められた（１９５６〔昭和31〕年８月、同地裁支部）が、高裁、最高裁で取り消された。しかし、第六次再審請求が同地裁で退けられた後、福岡高裁が再審開始を決定（１９７９〔昭和54〕年９月）、検察の特別抗告を最高裁が棄却した（１９８０〔昭和55〕年12月）。同地裁支部の再審はアリバイを認め、自供の信用性を否定して、無罪判決を言い渡し（１９８３〔昭和58〕年７月）、そのまま確定した。免田は判決と同時に釈放されたが、逮捕から34年６カ月たっていて、死刑被告では初の再審無罪判決となった。改めての事件捜査は、当時の殺人罪の公訴時効（25年）成立のため、行われていない。免田は生涯「死刑廃止」運動に関わり、２０２０（令和２）年12月、95歳で亡くなった。

【弘前大教授夫人殺害事件】（真犯人の出現と「白鳥決定」で無罪に）

１９４９（昭和24）年８月、青森県弘前市の民家で弘前医科大学（現弘前大学医学部）・松永藤雄教授夫人が殺害され、那須隆（当時25歳）が逮捕され、青森地裁弘前支部では無罪判決だったが、仙台高裁で逆転有罪、懲役15年が言い渡され、1953（昭和28）年2月、上告棄却で確定した。その18年後、1971（昭和46）年に真犯人として滝谷福松が名乗り出て、再審請求。仙台高裁は請求を棄却（1974〔昭和49〕年12月）したが、その直後の最高裁の白鳥決定（「疑わしきは被告人の利益に」の鉄則は再審請求においても適用。1975〔昭和50〕年5月20日）を引用して、同高裁が再審開始を決定した（1976〔昭和51〕年7月）。再審では、同高裁は「捜査関係者が証拠に手を加えた」可能性を示唆し、無罪判決（1977〔昭和52〕年2月）、そのまま確定した。国家賠償請求訴訟では国の責任は認められなかった。

【松川事件】（最高裁が異例の証拠提出命令）

1949（昭和24）年8月、東北本線松川駅近くで起きた列車脱線転覆事件で20人が起訴され、一、二審判決は死刑を含め全員有罪。上告審の最高裁が、アリバイ立証の証拠「諏訪メモ」の提出を検察に命じ、高裁への差し戻しを判決（1959〔昭和34〕年8月）。その再控訴審（仙台高裁）の無罪判決が再上告棄却（最高裁）で確定した（1963〔昭和38〕年9月）。

【二俣事件】（静岡県警による一連の拷問事件の一つ）

1950（昭和25）年1月、静岡県二俣町（現浜松市天竜区二俣町）で一家4人が殺され、18歳の少年が逮捕された。一、二審は死刑を言い渡したが、最高裁が一審に差し戻し（1953〔昭和28〕年11月）、やり直し一、二審の無罪判決が確定した（1957〔昭和32〕年10月）。捜査刑事が紅林麻雄警部補の拷問、証拠捏造などを告発したが、逆に精神鑑定を受け、懲戒免職の処分を受けた。

【財田川事件】（裁判官が再審手続き）

1950（昭和25）年2月、香川県三豊郡財田村（現三豊市）で起きた強盗殺人事件で、当時19歳の谷口繁義が逮捕され、高松地裁丸亀支部、高松高裁での死刑判決が1957（昭和32）年1月、最高裁の上告棄却で確定した。1969（昭和44）年、谷口の手紙をもとに高松地裁丸亀支部矢野伊吉裁判長が再審手続きを取った。1984（昭和59）年3月、高松地裁の再審で捜査当局の証拠捏造や自供強制が示唆されて無罪判決、そのまま確定した。

【小島《おじま》事件】（静岡県警の典型的な違法捜査）

1950（昭和25）年5月、静岡県小島村（現静岡市清水区）で主婦が斧で撲殺され、現金が盗まれた。翌月強盗殺人容疑で逮捕された被疑者（当時27歳）は静岡地裁で有罪判決（無期懲役。1952〔昭和27〕年2月）を言い渡され、控訴審もそれを認めた。しかし、最高裁判決は、取り調べの暴力を認め、「自供の任意性に疑いがある」と自判して、4裁判官の全員一致で、審理を高裁に差し戻した（1958〔昭和33〕年6月）。これを受けた東京高裁は無罪判決（1959〔昭和34〕年12月）。この結果、「幸浦事件」「二俣事件」「小島事件」の3事件によって、紅林麻雄警部補を中心とした静岡県警の「自供強制」（拷問）の実態が明らかになった。

【梅田事件】（同房者の証言無視）

1950（昭和25）年10月、北海道の北見営林署職員が殺され、現金（19万余円）が盗まれた。軍隊の元同僚の自供から梅田義光が強盗殺人の共犯に仕立てられた。釧路地裁網走支部の無期懲役判決が、上告審で確定。1960（昭和35）年6月、重要証人でもある犯人の死刑が執行されたが、梅田は再審裁判で無罪が確定（1986〔昭和61〕年8月）。

【八海《やかい》事件】（映画化「まだ最高裁がある！」）

1951（昭和26）年1月、山口県熊毛郡麻郷村八海（現田布施町八海）で瓦製造業の夫婦が

殺された強盗殺人事件で、犯人から共犯とされた４人が下級審で死刑（阿藤周平被告）や無期懲役などの有罪を言い渡された。地裁から最高裁まで、７回裁判が繰り返され、１９６８（昭和43）年、三度目の上告審（最高裁）で４人の無罪が確定した。犯人の吉岡晃は無期懲役で服役、最終的には、他の４人の共犯説を撤回した。

【米谷《よねや》事件】（名乗り出た〝真犯人〟）

１９５２（昭和27）年２月、青森県高田村（現青森市）で中年の女性が現金を奪われて殺され、米谷四郎が殺人罪などで逮捕・起訴され、懲役10年が確定し、服役した。１９６６（昭和41）年４月になって、窃盗などで裁判中の被害者の甥（事件当時18歳）が犯行を認めた。このため、公訴時効（当時は15年）の２日前に甥を殺人罪で起訴した（公判で自供を翻し、無罪。控訴審中の１９７０〔昭和45〕年５月に自死し、公訴棄却）。米谷は、再審で無罪（１９７８〔昭和53〕年７月）となり確定。２００６（平成18）年６月、逝去（84歳）。

【青梅線事件】（新聞が新証拠報道）

１９５２（昭和27）年２月19日、東京郊外の青梅線・小作《おざく》駅構内から貨車４両が暴走した。

これら数件の列車・貨車事故で、日本共産党員など10人が往来妨害罪などで逮捕・起訴された。一審（東京地裁八王子支部、1957〔昭和32〕年11月）、控訴審（東京高裁、1961〔昭和36〕年5月）は8被告（2人は病気などで公判停止）に懲役8年〜2年の有罪判決。しかし、上告審で審理中に、職員の過失で貨車が暴走した記録「列車暴走事故原簿」を弁護団が見つけ、その存在を読売新聞が報道。最高裁が高裁に差し戻し（1966〔昭和41〕年3月）、差し戻し控訴審で無罪が確定した（1968〔昭和43〕年3月）。

【メーデー事件】（大規模裁判が無罪で幕）

1952（昭和27）年5月1日、皇居前広場でのデモ隊と警官隊の衝突後、騒乱罪で261人が起訴され、一審東京地裁（浜口清六郎裁判長）の審理は判決（1970〔昭和45〕年1月28日）まで18年かかった。そして、半数近くが有罪になった。しかし、控訴審の東京高裁（荒川正三郎裁判長）はわずか2年半余り後に「騒乱罪について全員無罪」を言い渡し（1972〔昭和47〕年11月21日）、判決はそのまま確定した。1952（昭和27）年に起き、三大騒乱事件といわれた他の二つ、「吹田事件」は騒乱罪の成立を認めず、最高裁の上告棄却で確定した（1972〔昭和47〕年3月）。一方、「大須事件」は最高裁で騒乱罪が認められ有罪が確定した（1978〔昭和53〕年9月）。

【菅生《すごう》事件】（公安警察が仕組んだ謀略事件）

1952（昭和27）年6月、大分県直入郡菅生村（現竹田市菅生）で駐在所が爆破され、日本共産党員など5人が爆発物取締罰則違反などで逮捕され、1955（昭和30）年7月、大分地裁で、全員が有罪となった。翌月には「破壊活動防止法」が施行され、公安調査庁が設置されるという公安強化の時期だった。この事件も、現職警察官・戸高公徳が市木春秋の偽名で潜入捜査し、仕組んだ謀略だったことが、大分新聞、大分合同新聞、共同通信、毎日新聞などの記者によって、突き止められた。結局、1958（昭和33）年6月、福岡高裁は駐在所爆破事件について無罪を言い渡し、最高裁判決で確定した（1960〔昭和35〕年1月）。

【徳島ラジオ商殺し事件】（メディアの犯人視報道）

1953（昭和28）年11月、徳島市のラジオ店で店主が刺殺された。内縁の妻、冨士茂子が殺人罪容疑で逮捕され、一、二審で懲役13年の実刑が言い渡され、冨士の上告取り下げで確定し、服役した。その間、メディアは「毒婦」などと厳しい非難を浴びせた、しかし、第五次（および第六次）の再審請求で再審開始決定の後（富士は1979〔昭和54〕年11月、病気で死去）、徳島地裁の再審裁判で無罪が言い渡され（1985〔昭和60〕年7月9日）、検察の控訴断念で、そのまま確定した。その間、作家・瀬戸内寂聴さんなどの幅広い支えがあった。

【島田事件】（死刑確定から再審無罪へ）

1954（昭和29）年3月、静岡県島田市で起きた6歳の幼女の誘拐殺人事件。赤堀政夫（当時25歳）が逮捕され、1960（昭和35）年12月、死刑が確定。1986（昭和61）年、四度目の再審請求が静岡地裁で認められ、1989（平成元）年1月、再審裁判で同地裁が無罪判決、そのまま確定。赤堀は34年8カ月ぶりに釈放された。

【仁保《にほ》事件】（最高裁が自白に疑問）

1954（昭和29）年10月、山口県吉敷郡大内村仁保（現山口市仁保下郷）で農家の一家6人が殺害された。捜査は難航し、1年後に岡部保が別件逮捕され、弁護人がつかないまま、1956（昭和31）年3月に強盗殺人罪などで起訴された。山口地裁の死刑判決、広島高裁の控訴棄却（1968〔昭和43〕年2月）の後、最高裁が「自白の信用性への疑問」から広島高裁に差し戻した（1970〔昭和45〕年7月）。改めて同高裁が殺人罪について無罪判決を下し（1972〔昭和47〕年12月）、そのまま確定した。逮捕から17年たっていたが、この経緯は死刑事件だけに広く注目された。

【丸正《まるしょう》事件】（弁護人が「別犯人公表」で名誉棄損に）

1955（昭和30）年5月、静岡県三島市の丸正運送店で店主が殺害され、近くで停車していたとされるトラックの運転手、李得賢と助手の鈴木一男が逮捕された。一審、静岡地裁の有罪判決（李の無期懲役、鈴木の懲役15年）が、最高裁の上告棄却で確定した（1960〔昭和35〕年7月）。弁護人の正木ひろし、鈴木忠五両弁護士は別犯人説を公表し、名誉棄損の有罪（鈴木弁護士に禁錮6月、執行猶予1年。正木弁護士は上告中に死亡）が確定した。李、鈴木（一男）の2人は出所後、再審を請求したが、棄却に対する特別抗告中に共に死亡した。

【松山事件】（捏造証拠で死刑判決）

1955（昭和30）年10月、宮城県志田郡松山町（現大崎市）で農家が全焼し、一家4人の遺体が発見された。その後、東京に移っていた斎藤幸夫（当時24歳）を強盗殺人・放火容疑で逮捕。

仙台地裁の死刑判決が最高裁の上告棄却で確定した（１９６０〔昭和35〕年1月）。しかし、証拠の血痕の捏造などを主張した第二次再審請求が認められ（１９７９〔昭和54〕年12月）、再審無罪が確定した（１９８４〔昭和59〕年7月）。

【袴田事件】（静岡県警が証拠捏造）

１９６６（昭和41）年6月30日、静岡県清水市（現静岡市清水区）の味噌製造会社の専務宅が全焼し、４人が他殺体で発見された。従業員の袴田巌が犯人として逮捕され、１９６８（昭和43）年9月に静岡地裁で死刑が言い渡され、１９８０（昭和55）年11月に最高裁の決定で確定した。２０１４（平成26）年、静岡地裁は第二次再審請求で再審開始を認め、袴田を釈放（東京高裁は再審開始を取り消し）。その後、最高裁による高裁への差し戻しを経て、２０２３（令和５）年3月再審開始が認められ、２０２４（令和６）年9月、静岡地裁の再審公判で無罪判決、そのまま確定した。再審無罪判決が証拠の捏造を厳しく指弾。

【布川《ふかわ》事件】（国家賠償請求訴訟で県警と検事の責任認める）

１９６７（昭和42）年8月、茨城県北相馬郡利根町布川で起きた強盗殺人事件で、青年２人、桜井昌司（当時20歳）と杉山卓男（当時21歳）が逮捕・起訴され、1978（昭和53）年7月、無期懲役が確定、服役した。出所後の2009（平成21）年12月に再審が開始され、逮捕から44年後の2011（平成23）年6月、水戸地裁土浦支部の無罪判決が確定した。桜井が提訴した国家賠償請求訴訟で、警察官と共に検察官の違法取り調べも認められ、東京高裁は茨城県と国双方に賠償支払いを命じ（2021〔令和3〕年8月）、そのまま確定した。杉山は2015（平成27）年10月、桜井は2023（令和5）年8月死去。

【三億円事件容疑者誤認逮捕】（刑事のリークに乗って大誤報）

典型的な誤認逮捕事件。1968（昭和43）年12月10日、東京都府中市で起きた現金輸送車襲撃事件。その1年後の1969（昭和44）年12月12日、「捜査の神様」と言われた警視庁・平塚八兵衛刑事のリークをもとに、毎日新聞が朝刊社会面トップで「重要参考人 府中市の元運転手（匿名）」とスクープし、各社も夕刊以後、その線に追随した。しかし、本人も忘れていたアリバイが見つかり、釈放されたが、心を病んで、後日自死した（2008〔平成20〕年）。

【沖縄密約事件】（西山太吉記者事件）

1972（昭和47）年3月、衆議院予算委員会で、「沖縄返還に関する日米の密約」（原状回復補償費の日本負担）に関する外務省の電文（コピー）が提示された。西山太吉毎日新聞記者が蓮見喜久子外務省事務官から入手したものだった。

蓮見事務官が国家公務員法違反（機密漏洩容疑）、西山記者が同教唆容疑で警視庁に逮捕され、西山記者は「蓮見と情を通じて文書を入手」と起訴状に記載された。西山は、一審判決（東京地裁、1974〔昭和49〕年1月）では「正当な取材行為」と認められて無罪。しかし、二審判決（東京高裁、1976〔昭和51〕年7月）と上告審決定（最高裁第一小法廷、1978〔昭和53〕年5月31日）は「正当な取材活動の範囲を逸脱」と判断、懲役4月、執行猶予1年が確定した。蓮見被告は一審の有罪判決（懲役6月、執行猶予1年）で確定。

密約の存在は、その後、事実と判明し、「国民が知るべき重大な事実であり、被疑事実の違法性は阻却される」という学説が有力になった。

西山が文書の開示を求めて提訴した民事訴訟は、一審（東京地裁、2010〔平成22〕年4月）が「開示」と原告への「賠償」を命じたが、控訴審判決（東京高裁）と最高裁判決（2014〔平成26〕年7月14日）は、「外務省による『文書不開示の決定』時点で、文書を国が保有していたとは推認できない」として、開示請求を棄却した。

【大崎事件】（97歳の再審請求認めず）

鹿児島県大崎町で1979（昭和54）年10月、農業の男性を殺害・遺棄した容疑で義姉の原口アヤ子（当時52歳）の懲役10年の有罪が確定し（1981〔昭和56〕年1月）、服役した。3回の再審請求で、地裁や高裁は計3回、再審開始を認めたが、上級審で取り消された。「事故死」と主張した第四次再審請求も鹿児島地裁（2022〔令和4〕年6月22日）と福岡高裁宮崎支部（2023〔令和5〕年6月5日）で棄却され、最高裁に特別抗告するも棄却された（2025〔令和7〕年2月25日）。最高裁裁判官の1人が一連の再審請求で初めて再審を認めるべきだとする反対意見を述べた。弁護団は五度目の再審請求を行う方針。

【日野町事件】（受刑者の遺族が再審請求）

1984（昭和59）年12月、滋賀県蒲生郡日野町で酒店経営の女性が殺害され金庫が奪われた強盗殺人事件。1988（昭和63）年3月、阪原弘が逮捕され、無期懲役が確定（2000〔平成12〕年9月、最高裁が上告棄却決定）。再審請求中の2011（平成23）年3月に病死（75歳）。

遺族による第二次再審請求で、金庫発見現場の引当捜査写真の作為が露見。大津地裁に続いて大阪高裁決定（2023〔令和5〕年2月）も再審開始を認めたが、検察が特別抗告。最高裁の決定待ち。

【福井・中3殺害事件】〔再審公判で無罪へ〕

1986（昭和61）年3月、福井市の市営住宅で中学3年の女子生徒（当時15歳）が殺害された。約1年後に、福井県警が前川彰司を殺人容疑で逮捕。一審は無罪だったが、二審で逆転有罪。そして、心神耗弱《こうじゃく》状態だったとして懲役7年を言い渡し、最高裁で有罪が確定（1997〔平成9〕年11月）。前川が出所した後の第一次再審請求では、名古屋高裁金沢支部が目撃証言の信用性を否定するなどして再審開始を認めたが、名古屋高裁が取り消し、最高裁決定で棄却が確定した（2014〔平成26〕年12月）。

しかし、第二次再審請求で名古屋高裁金沢支部が再審開始を決定（2024〔令和6〕年10月23日）、検察が異議申し立てを断念して再審開始決定が確定した。再審公判では無罪となる公算が大きい。

【足利事件】（DNA鑑定が誤っていた）

1990（平成2）年5月、栃木県足利市で4歳の女児が誘拐され、翌朝、遺体で発見された。難航した捜査の後、翌年12月に、菅家利和（当時45歳）が逮捕・起訴され、無期懲役が確定（2000〔平成12〕年7月、上告棄却）。しかし、服役中の再審請求で、東京高裁が証拠の遺留物のDNAの再鑑定を決定し、その結果、菅家とは一致しないことが判明（2009〔平成21〕年4月）。翌月、菅家の刑は執行停止。宇都宮地裁の再審裁判で検察は無罪を論告して、菅家に謝罪し、同地裁も無罪の判決で菅家に謝罪し、即日確定した（2010〔平成22〕年3月）。

【飯塚事件】（死刑執行後に妻が再審請求）

1992（平成4）年2月、福岡県飯塚市で女児2人を誘拐して殺害、遺棄した容疑で久間《くま》三千年《みちとし》元被告の死刑が最高裁の決定で確定（2006〔平成18〕年10月）、2年後に刑が執行された。妻による再審請求が棄却された後、福岡地裁の第二次再審請求審の非公開審理（2023〔令和5〕年5月）で証人がアリバイの新事実を証言した。しかし、同地裁は請求を棄却し（2024〔令和6〕年6月）、福岡高裁の抗告審に移った。

【東住吉事件】（再審で無罪に。国家賠償は棄却）

１９９５（平成７）年７月、大阪市東住吉区で起きた火災で小６の女児が死亡した。母親の青木恵子と内縁の夫が殺人罪などに問われて、無期懲役で服役した。再審で、大阪地裁は自白の信用性や任意性を否定して無罪を言い渡して確定（２０１６〔平成28〕年８月）。青木が国と大阪府に損害賠償を求めて提訴した。２０２２（令和４）年３月、大阪地裁は警察の責任を認め大阪府に約１２２０万円の賠償を命じた。しかし検察の責任については、上告審の最高裁第一小法廷（岡正晶裁判長）が、請求を退ける決定をし（２０２４〔令和６〕年３月）、国の賠償責任の否定が確定。

【東電ＯＬ殺人事件】（「神様、助けて下さい」と叫んだ被告）

１９９７（平成９）年３月、東京都渋谷区のアパートで、東京電力の管理職の女性が殺害されて発見された。ネパール人のゴビンダ・プラサド・マイナリが逮捕・起訴され、東京地裁の一審では無罪となったが、東京高裁の控訴審で無期懲役が言い渡された（２０００〔平成12〕年12月22日）。この時「『やってなーい。神様、助けて下さい』。判決宣告の法廷に、日本語で叫んだマイナリさんの声が響いた」（朝日新聞２０１２〔平成24〕年６月９日朝刊）。しかし、上告棄却で有罪がそのまま確定した（2003〔平成15〕年10月）。服役中にゴビンダが再審を請求、証拠物のDNA鑑定などから東京高裁が再審開始を決定した（2012〔平成24〕年6月）。再審裁判で同高裁が無罪を言い渡し（2012年11月）、そのまま確定した。再審中に帰国したゴビンダは、その5年後に来日し、「冤罪者をつくらないで」と訴えた。

【大川原化工機事件】（長期勾留後、起訴取り消し）

「生物兵器の製造に転用できる機器を無許可で違法輸出した」として、2020（令和2）年3月、大川原化工機（横浜市）の大川原正明社長ら同社幹部3人が外国為替及び外国貿易法違反容疑で逮捕された。その1人、顧問の相嶋静夫さんはがんで保釈を申請したが認められず、病状の急速な悪化により勾留停止で入院して死亡した。社長ら3人が起訴されたが、2021（令和3）年7月、公判直前に起訴が取り消された。元被告側は国家賠償請求訴訟を起こし、捜査を担当した警察官が「（事件は）捏造ですね」と証言。東京地裁は、警察、検察両者の違法捜査を認め、国と東京都に1億6千万円余りの賠償を命じた（2023〔令和5〕年12月）。訴訟は控訴審に移った。

編集後記

著者の前澤猛氏は2024年11月30日、お亡くなりになった。享年93歳。氏と最後にお会いしたのは同年10月23日の本書の編集作業においてだった。その後いただいたお手紙には「急激に体調が悪くなり、ほとんど食事がノドを通りません。貴重な遺稿になりました。近くホスピスに入ります」とあった。

本書は、公益財団法人新聞通信調査会の出版補助を受けて刊行される書籍だが、前澤氏が本作をもって応募してきたのは2024年6月19日。添えられたメモ書きには、「お見苦しい自己満足の作品かもしれない」「久しぶりに査読を受けるのでドキドキしている」などと書かれていた。しかし新聞通信調査会の出版補助審査委員会は、冤罪を独自の視点から書いていて興味深いなどと、高い評価を与え、出版することを決めた。ご本人も大変喜ばれていたようである。

死の間際にご子息からいただいたメールには、お父上の意思を確認できたとして、「（編集作業に）最後までお付き合いできず申し訳ない、よろしくお願いします」と語られていたとのことである。

公益財団法人新聞通信調査会　元編集長　倉沢章夫

【著者プロフィール】
前澤　猛（まえざわ・たけし）
（ペンネーム：日野 健）

1931年東京生まれ。慶應義塾大学大学院修士課程（経済学）修了。読売新聞社の司法担当主任、論説委員、新聞監査委員、デイリー・ヨミウリ紙オンブズマンを担当。米国デューク大学客員研究員、国際オンブズマン協会および米調査報道記者・編集者協会会員などを歴任。東京経済大学教授（コミュニケーション学）を2002年退職、以降フリージャーナリスト。2024年11月30日没。

【著書】『裁かれる日本の裁判』（日野健、エール出版）、『クスリを告発する』（日野健、エール出版）、『書かれる立場書く立場——読売新聞の「報道と人権」』（読売新聞名、読売新聞社）、『「表現の自由と公的規制研究会」報告』（マスコミ倫理懇談会全国協議会）、『マスコミ報道の責任』（三省堂）、『日本ジャーナリズムの検証』（三省堂）、『Watchdog: A Japanese Newspaper Ombudsman at Work』（コスモヒルズ）、『新聞の病理』（岩波書店）、『表現の自由が呼吸していた時代——1970年代読売新聞の論説』（コスモヒルズ）
【訳・解説】『米国マスコミのジレンマと決断——報道倫理の日米比較』（ビジネス社）
【訳書】『世界のメディア・アカウンタビリティ制度——デモクラシーを守る七つ道具』（明石書店）、『メディアの倫理と説明責任制度』（明石書店）、『パパとママが別れたとき……』（絵本シリーズ1〜3、日野健、明石書店）

冤罪《えんざい》の深層《しんそう》——一《いち》ジャーナリストの検証《けんしょう》

発行日　2025年3月31日
著　者　前澤　猛
発行者　西沢　豊
発行所　公益財団法人新聞通信調査会

〒100-0011 東京都千代田区内幸町2-2-1
日本プレスセンタービル1階
電話 03-3593-1081（代表）
URL: https://www.chosakai.gr.jp/
ISBN978-4-907087-45-6　C0036
落丁・乱丁はお取り替えいたします。定価はカバーに表示してあります。

公益財団法人新聞通信調査会　2024年度出版補助対象書籍

編集：公益財団法人新聞通信調査会　倉沢章夫・北原斗紀彦
編集協力：時事通信出版局　舟川修一、スタジオパラム　島上絹子
装幀・本文デザイン：スタジオパラム　清水信次
印刷・製本：太平印刷社

■ 新聞通信調査会の出版補助事業――これまでの選定作品 ■

新聞記者とニュースルーム――一五〇年の闘いと、妥協
木下浩一　著
◆四六判　四六七頁　二二〇〇円（税込）

満洲国における宣撫活動のメディア史
――満鉄・関東軍による農村部多民族支配のための文化的工作
王　楽　著
◆四六判　三三五頁　二二〇〇円（税込）

文化交流は人に始まり、人に終わる――私の国際文化会館物語
加藤幹雄　著
◆四六判　二七七頁　一九八〇円（税込）

実物大の朝鮮報道50年――異形の韓国、歪む日韓
前川惠司　著
◆四六判　四九七頁　二二〇〇円（税込）

松方三郎とその時代
田邊　純　著
◆四六判　四四五頁　二七五〇円（税込）

NPOメディアが切り開くジャーナリズム――「パナマ文書」報道の真相
立岩陽一郎　著
◆四六判変形　二八九頁　一三二〇円（税込）

コレクティヴ・ジャーナリズム――中国に見るネットメディアの新たな可能性
章　蓉　著
◆A5判　二九一頁　一九八〇円（税込）